CARTEA DE CATEGORIE DE CIOCOLATĂ FĂCĂTĂ ACASA

100 de rețete ușoare și magnifice pentru a stăpâni arta de a face ciocolată acasă și pentru a face fericiți familia și prietenii cu orice ocazie

NAOMI SNEE

Toate drepturile rezervate.

Disclaimer

Informațiile conținute în această carte electronică sunt menite să servească drept o colecție cuprinzătoare de strategii despre care autorul acestei cărți electronice a făcut cercetări. Rezumatele, strategiile, sfaturile și trucurile sunt doar recomandări ale autorului, iar citirea acestei cărți electronice nu va garanta că rezultatele cuiva vor oglindi exact rezultatele autorului. Autorul cărții electronice a depus toate eforturile rezonabile pentru a oferi informații actuale și exacte pentru cititorii cărții electronice. Autorul și asociații săi nu vor fi făcuți la răspundere pentru orice eroare sau omisiuni neintenționate care pot fi găsite. Materialul din cartea electronică poate include informații de la terți. Materialele terților cuprind opinii exprimate de proprietarii acestora. Ca atare, autorul cărții electronice nu își asumă responsabilitatea sau răspunderea pentru niciun material sau opinii ale terților.

Cartea electronică este copyright © 2022 cu toate drepturile rezervate. Este ilegal să redistribuiți, să copiați sau să creați lucrări derivate din această carte electronică, integral sau parțial. Nicio parte a acestui raport nu poate fi reprodusă sau retransmisă sub nicio formă, fără permisiunea scrisă exprimată și semnată din partea autorului.

CUPRINS

CUPRINS 3

INTRODUCERE 7

ÎNGHEȚATĂ DE CIOCOLATĂ 8

   1. Sundae cu nuci de ciocolata 9
   2. Pop-uri de gelato înmuiate în ciocolată 11
   3. Surpriza de ciocolata congelata 13
   4. Inghetata cu crema de ciocolata 16
   5. Inghetata de migdale si stafide de ciocolata 18
   6. Inghetata cu banane si ciocolata alba 20
   7. Sorbet de porumb și cacao 23

PRĂJITURI DE CIOCOLATA 25

   8. Cake Mix Tort Pădurea Neagră 26
   9. Cake Mix Cherry Cordial Cake 28
   10. Tort Mix cu dovlecei 30
   11. Tort Poke de ciocolată 32
   12. Tort Toffee Poke 35
   13. Tort cu budincă în devenire 37
   14. Tort cu ciocolata cu migdale 39
   15. Tort cu cafea cu ananas 42
   16. Tort cu sfeclă glazurată 44
   17. Un tort umed 46
   18. Tort cu straturi de ciocolata 48
   19. Tort Tres leches 50
   20. Tort de ciocolata 53
   21. Tort Bundt de ciocolată 56

BROWNURI DE CIOCOLATA 58

   22. Brownies de amestec de tort 59
   23. Brownie-uri Triple Fudge 62

24. Brownie-uri cu cremă de brânză 64
25. Brownies cu arahide 66
26. Mușcături de Brownie 69
27. Brownies cu chips de ciocolată 71
28. Brownie cu alune 73
29. Brownie cu conținut scăzut de carbohidrați 75
30. Brownie-uri Lăcuste 77
31. Brownie-uri cu mentă 79
32. Brownies de cartofi dulci și cafea 82
33. Brownies cu coaja de mentă 84
34. Batoane cu unt de arahide 86
35. Brownie-urile preferate de dovlecel 89
36. Brownies de ciocolată cu malț 91

PRĂJITURI CU CIOCOLATĂ 93

37. Prajituri cu covrig si caramel 94
38. Biscuitul Buckeye 96
39. Fursecuri cu amestec de tort 98
40. Devil Crunch Cookies 100
41. Prajituri pecan 102
42. Brownies cu frișcă 104
43. Mix de prăjituri Biscuiți Sandwich 106
44. Granola și prăjituri de ciocolată 108
45. Prajituri cu zahar 110
46. Cookie-uri germane 112
47. Inghetata de ciocolata soia 114
48. Sandvișuri cu ciocolată dublă 117
49. Sandviș cu înghețată cu ciocolată și nucă de cocos 120
50. Banane congelate de ciocolata 123
51. Sandviș cu biscuiți cu înghețată 125

CUPCAKES ȘI BROSE DE CIOCOLATA 127

52. Lemony Cake Mix Cupcakes 128
53. Cupcakes cu ciocolată și caramel 130

54. Cupcakes cu plăcintă cu noroi 132
55. Amestecul de tort Brioșe cu dovleac 134
56. Mix de tort Praline Cupcakes 136
57. Cupcakes Piña Colada 138
58. Mini prăjituri Cherry Cola 141
59. Cupcakes Red Velvet 143
60. Cupcakes cu plăcintă cu mere 145
61. Mouse Cupcakes 147
62. Brioșe de ciocolată Kirsch 150
63. Briose cu morcovi 152
64. Cupcakes cu stafide cu rom 155
65. Cupcakes cu ciocolată caldă 158
66. Brioșe cu crumble cu banane 160
67. Brioșe cu lămâie și nucă de cocos 163
68. Pâine prăjită franceză 166
69. Cupcakes cu pasăre colibri 169

DESERTURI DE CIOCOLATA 172

70. Panna Cotta de ciocolată 173
71. gogoși cu cireșe și ciocolată 175
72. Fondue de ciocolată amaretto 178
73. Fudge de cinci minute 180
74. Fondue de ciocolată cu mentă 182
75. Sufleu de nor de ciocolată 184
76. Fructe înmuiate în ciocolată 186

ȘI PĂTRAȚE DE CIOCOLATĂ 188

77. Batoane proteice vegane 189
78. Baton de quinoa umflat 192
79. Cupe de matcha caju 194
80. Naut felii choco 196
81. Batoane cu banane 198
82. Patratele de caramel de bacon confiate 201
83. Batoane proteice cu nuci de ciocolata 204

84. Batoane proteice cu ciocolată germană 206
85. Batoane de tort cu proteine triple de ciocolata 208
86. Batoane de Zmeura-Ciocolata 211
87. Batoane proteice de muesli 213
88. Batoane cu cireşe Pădurea Neagră 215
89. Batoane de popcorn cu afine 217
90. Salut Dolly Bars 220
91. Batoane cu cremă irlandeză 222
92. Banana Swirl Bars 224
93. Fulgi de ovăz de dovleac Anytime Squares 226
94. Batoane cu dovleac Red Velvet 229
95. Coaja de ciocolata cu nuci pecan confiate 231

BILUTE DE CIOCOLATA 234

96. Biscuiţi bile de migdale 235
97. Muşcături de granola de ciocolată albă 237
98. Trufe Ancho chile 239
99. Trufe de ciocolată 241
100. Cireşe acoperite cu ciocolată 243

CONCLUZIE 245

INTRODUCERE

Istoria ciocolatei

Înainte de a mușca într-un baton fin și bogat de lapte, ar trebui să știi că ciocolata nu a fost întotdeauna acest răsfăț dulce. Erau în mod tradițional o băutură amară. Ciocolata a fost găsită inițial în pădurile tropicale din America Centrală.

Ciocolata era cultivată de mezoamericani, iar vechiul trib credea că ciocolata conține puteri mistice. De asemenea, era cunoscut pentru proprietățile sale afrodisiace și calitățile spirituale. Bobul de cacao era venerat de mayași. Și erau rezervate doar celor mai nobili demnitari, conducători, războinici și preoți. A fost, de asemenea, o formă de monedă în regiunea mayașă.

În 1828, a fost fondată presa de cacao. Această mașină ar separa untul de cacao și pudra de cacao de boabele de cacao. În 1887, un ciocolatier elvețian a decis să pună lapte în amestec. El a căutat o modalitate de a păstra ciocolata cu lapte pentru o perioadă lungă de timp și astfel, ciocolata cu lapte a fost introdusă în lume. De atunci, Ciocolatele au fost ușor accesibile maselor. Cu marketing și mai multă producție, ciocolata era acum o delicatesă de care toată lumea se bucură.

ÎNGHEȚATĂ DE CIOCOLATĂ

1. Sundae cu nuci de ciocolată

Ingrediente:

- 1 lingurainghetata bogata de ciocolata
- 1 linguraînghețată cu nuci pecan
- 2 lingurisos de ciocolata
- 2 linguri amestecuri de nuci prajite
- fulgi, bucle sau stropi de ciocolată

Directii:

a) Aranjați cele două linguri de înghețată într-un vas de sundae răcit.
b) Stropiți cu sos de ciocolată și apoi stropiți cu nuci și ciocolată.

2. Pop-uri de gelato înmuiate în ciocolată

Ingrediente:

- 1 retetagelato cu vanilie
- 1 retetasos de ciocolata
- nuci sau stropii tăiate mărunt

Directii:

a) Faceți înghețata în linguri de diferite dimensiuni. Pune-le imediat pe hârtie cerată și recongelează-le foarte bine.
b) Se prepara sosul de ciocolata si apoi se lasa la loc racoros (nu rece) pana se raceste dar nu se ingroasa.
c) Acoperiți mai multe tavi cu hârtie cerată. Împingeți un bețișor de popsicle în centrul unei linguri de înghețată și scufundați-l în ciocolată pentru a o acoperi complet. Ține-l peste bolul cu ciocolată până când s-a terminat de picurat și apoi așează-l pe hârtie cerată curată.
d) Stropiți cu nuci sau stropi colorate, dacă doriți. Pune gheața la congelator și lasă până se întărește cu adevărat (câteva ore). Deși se vor păstra câteva săptămâni, în funcție de varietatea de înghețată folosită, este mai bine să le consumați cât mai curând.

3. Surpriza de ciocolata congelata

Face 5 cani

Ingrediente

- 1 cană fasole anko sau adzuki, înmuiată peste noapte
- 2 căni de zahăr brun închis
- 2 căni de apă
- Linguri pudra de roscove
- 2 cani de lapte de orez
- 1 cană iaurt
- fructe proaspete feliate, de servit

Directii

a) Scurgeți fasolea înmuiată și puneți-le într-o cratiță mare acoperită cu apă. Aduceți la fiert și fierbeți timp de 1 oră sau până când încep să se înmoaie.

b) Se scurge si se intoarce in tigaia cu zaharul brun si 2 cani de apa. Gatiti, descoperit, la foc moderat, pana cand se inmoaie cu adevarat si o mare parte din lichid s-a redus. Rece.

c) Amestecați fasolea într-un procesor cu suficient lichid de gătit pentru a obține un piure moale. Apoi amestecați pudra de roșcove, laptele de orez și iaurtul.

d) Amestecați până când se omogenizează. Transferați într-un aparat de înghețată și amestecați urmând instrucțiunile producătorului sau transferați într-un recipient de congelare și urmați **directii de amestecare manuala**. Dacă folosiți un aparat de înghețată, opriți agitarea când este aproape ferm, transferați într-un recipient de congelare și lăsați la congelator timp de 15 minute înainte de servire sau până când este necesar.

e) Când este gata de servire, scoateți din congelator și lăsați timp de 15 minute să se înmoaie. Serviți cu fructe proaspete feliate.

4. Inghetata cu crema de ciocolata

Se dau 6 portii

Ingrediente

- 3 uncii de ciocolată semidulce
- 1 uncie de ciocolată neîndulcită
- 1 reteta Baza de Inghetata Crema, calda

Directii

a) Topiți ciocolata într-o cratiță la foc mic, amestecând din când în când până se omogenizează. Adăugați treptat puțin din baza de înghețată în ciocolată, amestecând-o des pentru a păstra ciocolata netedă.

b) Adăugați baza de înghețată rămasă și gătiți la foc mic până când amestecul este bine omogenizat. Răciți bine.

c) Turnați amestecul în vasul aparatului de înghețată și congelați. Vă rugăm să urmați manualul de instrucțiuni al producătorului.

5. Inghetata de migdale si stafide de ciocolata

Aproximativ 6 portii

Ingrediente

- 25 g/1 oz. migdale albite
- Cutie de 284 ml cremă dublă, răcită
- 250 g/9 oz. iaurt natural cu conținut scăzut de grăsimi, răcit
- 6 linguri nivele de zahăr pudră
- ½ linguriță extract de migdale
- 100 g/3½ oz. stafide de ciocolata cu lapte

Directii

a) Tăiați mărunt migdalele. Puneți-le într-o tigaie mică și prăjiți, amestecând din când în când, până se rumenesc.
b) Transferați-le pe o farfurie și lăsați-le să se răcească.
c) Puneti crema intr-un vas si adaugati iaurtul. Cerneți zahărul pudră peste smântână și iaurt și adăugați extractul de migdale. Cu un tel, amestecați până se omogenizează
d) Acoperiți și lăsați la rece timp de 20-30 de minute. Introduceți amestecul în mașina de înghețată și congelați conform instrucțiunilor.
e) Adăugați stafidele de ciocolată și migdalele prăjite în ultimul minut sau două de amestecare. Transferați într-un recipient adecvat și congelați până când este necesar.

6. Inghetata de banane si ciocolata alba

Face 5 cani

Ingrediente

- 3 cesti de frisca, impartite
- 1 cană jumătate și jumătate
- 3/4 cană zahăr granulat
- 4 ouă mari
- 8 uncii de ciocolată albă, topită
- 1 1/2 kilogram (aproximativ 4) banane foarte coapte
- 3 linguri suc proaspăt de lămâie

Directii

a) Aduceți 1 cană de smântână, jumătate și jumătate și zahăr la fiert într-o cratiță medie grea, amestecând din când în când. Bateți gălbenușurile într-un castron mediu. Amestecați amestecul de smântână fierbinte. Reveniți amestecul în cratiță și amestecați la foc mediu mic până când crema se îngroașă și acoperă lingura (aproximativ 5 minute); nu fierbe.
b) Se strecoară într-un castron mare. Se adauga ciocolata alba; bate pana se omogenizeaza bine. Amestecați restul de 2 căni de smântână. Dă la rece până se răcește.
c) Curățați și feliați bananele. Faceți piure de banane cu suc de lămâie. Se amestecă piureul în cremă. Transferați crema în aparatul de înghețată și procesați conform instrucțiunilor producătorului.

7. Sorbet de porumb și cacao

Ingrediente
- ½ cană de masă harina
- 2½ căni de apă, plus mai mult după cum este necesar
- 1 cană zahăr
- ½ cană pudră de cacao neîndulcită din proces olandez
- Un praf de sare cușer
- ¾ linguriță de scorțișoară mexicană măcinată
- 5 uncii de ciocolată amăruie sau semidulce, tocată mărunt

Directii
a) Într-un castron, combinați masa harina cu ½ cană de apă. Amestecați cu mâinile până obțineți un aluat uniform. Dacă se simte puțin uscat, mai amestecați câteva linguri de apă și lăsați deoparte.
b) Într-o cratiță mare, amestecați cele 2 căni de apă rămase și zahărul, pudra de cacao și sarea. Se aduce la fierbere la foc mediu, amestecând continuu pentru a se topi zahărul.
c) Adăugați amestecul de masă, reveniți la fierbere și gătiți, amestecând continuu, până când amestecul este bine combinat și nu există absolut nicio cocoloașă, aproximativ 3 minute. Se amestecă scorțișoara și ciocolata, până când ciocolata se topește. Transferați baza într-un bol, acoperiți și lăsați la frigider până se răcește, aproximativ 2 ore.
d) Bateți baza pentru a se recombina. Congelați și amestecați într-un aparat de înghețată conform instrucțiunilor producătorului. Pentru o consistență moale, serviți sorbetul imediat; pentru o consistență mai fermă, transferați-l într-un recipient, acoperiți și congelați timp de cel mult 1 oră înainte de servire.

PRĂJITURI DE CIOCOLATA

8. Cake Mix Tort Pădurea Neagră

Produce: 12

Ingrediente

- 1 pachet de 18,25 uncii amestec de tort de ciocolată
- 1 cutie de 21 uncii umplutură de plăcintă cu cireșe
- 2 oua
- 1/3 cană ulei de măsline
- 1 lingurita extract de migdale
- 1 cană zahăr granulat
- 5 linguri de unt
- 1/3 cană lapte
- 1 cană chipsuri de ciocolată

Directii

a) Preîncălziți cuptorul la 350°F. Tava pentru tort se unge cu uns si faina. Pus deoparte.
b) Într-un castron mare, combinați amestecul de tort, umplutura de plăcintă, ouăle, uleiul și extractul de migdale. Se amestecă pentru a forma un aluat fin. Coaceți timp de 30 de minute.
c) Între timp, amestecați ingredientele rămase într-o cratiță, aducând ușor la fierbere. Se amestecă până se omogenizează și se folosește pentru a îngheța o prăjitură caldă.

9. Tort Cordial Cherry Mix

Produce: 12

Ingrediente

- 1 cutie de 18,25 uncii amestec pentru tort de ciocolată
- 1 pachet de 3,9 uncii amestec de budincă de ciocolată instant
- 4 ouă
- 1 ¼ cană apă
- ½ cană ulei de măsline
- 1 lingură extract de cireșe sau aromă
- 1 cană bucăți de ciocolată
- 1 cadă glazură de ciocolată preparată
- Bomboane cordiale cu cireșe pentru ornat

Directii

a) Preîncălziți cuptorul la 350°F. Tava pentru tort se unge cu uns si faina. Pus deoparte.
b) Într-un castron mare, combinați amestecul de tort, amestecul de budincă, ouăle, apa, uleiul și extractul. Amestecați folosind un mixer electric setat la viteză mică timp de 2 minute.
c) Turnați aluatul într-o tavă de tort. Presărați bucăți de ciocolată uniform deasupra aluatului de prăjitură umed. Coaceți timp de 55 de minute. Lăsați tortul să se răcească complet înainte de glazură și decorare cu bomboane.

10. Tort Mix Dovlecel Tort

Produce: 12

Ingrediente

- ¾ cană de unt
- 3 oua
- 1 lingurita extract de vanilie
- ¼ linguriță extract de migdale
- 1 cană smântână
- 1 cutie de 18,25 uncii amestec de tort de ciocolată cu budincă
- 1 dovlecel mediu, ras
- 1 cadă de 12 uncii glazură de ciocolată preparată

Directii

a) Preîncălziți cuptorul la 325°F.
b) Într-un castron mare, unt cremă, ouă, extract de vanilie și extract de migdale. Încorporați încet smântâna. Adăugați amestecul de tort. Îndoiți dovlecelul ras.
c) Turnați aluatul în tava de tort și agitați până când aluatul este nivelat. Coaceți 45 de minute sau până când o scobitoare iese curată.
d) Răciți complet prăjitura înainte de a răsturna tava pe platoul de servire.

11. Prăjitură cu ciocolată

Face: 20 de portii

Ingrediente

- 1 pachet amestec de tort cu ciocolata
- 2 lingurițe extract de vanilie, împărțit
- Sare
- 2/3 cană unt
- 28 uncii lapte condensat îndulcit
- 1 cană zahăr cofetar
- Topping: prăjituri de tip sandwich umplute cu unt de arahide tocate

Directii

a) Preîncălziți cuptorul la 350°. Pregătiți amestecul de prăjitură conform instrucțiunilor de pe ambalaj, adăugând 1 linguriță de vanilie și sare înainte de a amesteca aluatul. Transferați pe un 13x9-in uns. tava de copt. Coaceți și răciți complet după cum indică pachetul.

b) Bateți untul și laptele până se omogenizează.

c) Turnați încet 2 căni de amestec de unt peste tort, umplând fiecare gaură.

d) Dă prăjitura și amestecul de unt rămas, acoperiți, până când prăjitura se răcește, 2-3 ore.

e) Combinați vanilia rămasă și amestecul de unt de arahide rămas; se bate treptat suficient zahăr de cofetă pentru a ajunge la consistența de întindere.

f) Întindeți peste tort. Adăugați toppinguri după cum doriți.

12. Tort Toffee Poke

Face: 15 portii

Ingrediente

- 1 pachet amestec de tort cu ciocolata
- 17 uncii de înghețată de caramel cu unt
- 12 uncii de topping congelat, dezghețat
- 1 cană de unt
- 3 bomboane Heath, tocate

Directii

a) Pregătiți și coaceți prăjitura conform instrucțiunilor de pe ambalaj, folosind untul.

b) Se răcește pe un grătar.

c) Cu mânerul unei linguri de lemn, faceți găuri în tort. Turnați 3/4 cană de topping de caramel în găuri. Peste tort se pune caramelul rămas. Acoperiți cu topping bătut. Stropiți cu bomboane.

d) Dati la frigider cel putin 2 ore inainte de servire.

13. Tort cu budincă în devenire

Face: 12 portii

Ingrediente

- 1 pachet amestec de tort cu ciocolata
- 1 pachet (3,9 uncii) amestec de budincă de ciocolată instant
- 2 cani de smantana
- 4 ouă mari
- 1 cană apă
- 3/4 cană ulei de măsline
- 1 cană chipsuri de ciocolată semidulce
- Frisca sau inghetata

Directii

a) Într-un castron mare, combinați primele șase ingrediente; bate la viteza mica timp de 30 de secunde. Bate la mediu timp de 2 minute. Se amestecă fulgi de ciocolată. Se toarnă într-un 5-qt uns. Care gateste incet.

b) Se acoperă și se fierbe la foc mic până când o scobitoare introdusă în centru iese cu firimituri umede, 6-8 ore.

14. Tort de ciocolata cu migdale

Face: 16 portii

Ingrediente

- 1 pachet amestec de tort cu ciocolata (dimensiune normala)
- 1 pachet (3,9 uncii) amestec de budincă de ciocolată instant
- 1-1/4 cani de apa
- 1/2 cană ulei de măsline
- 4 ouă mari
- 3 lingurite extract de migdale
- 2-3/4 căni fulgi de ciocolată semidulce, împărțite
- 6 linguri de smântână fără lapte obișnuită sau cu aromă de amaretto
- 1 lingura migdale feliate

Directii

a) Într-un castron mare, combinați amestecul de tort, amestecul de budincă, apa, uleiul, ouăle și extractul; bate până se combină. Se amestecă 2 căni de ciocolată.

b) Se toarnă într-o bucată de 10 inci unsă și făinată. tigaie cu tub canelat. Coacem la 350° timp de 65-70 de minute sau pana cand o scobitoare introdusa in centru iese curata. Se răcește timp de 10 minute înainte de a scoate din tavă pe un grătar pentru a se răci complet.

c) Într-o tigaie, combinați smântâna și bucățile de ciocolată rămase. Gatiti la foc mic pana se topesc chipsurile; se amestecă până la omogenizare. Se răcește timp de 45 de minute. Stropiți peste tort. Se ornează cu migdale.

15. Tort cu cafea cu ananas

Face: 12 porții

Ingredient

- 2 cani de amestec de tort cu ciocolata
- 1 ou
- ⅓cană zahăr granulat
- ⅓cană lapte

Toppinguri

- ⅓cană Se coace totul
- ⅓cană zahăr brun -- ambalat
- ½ lingurita scortisoara macinata
- 1 cană bucate de ananas --Scurgete

Directii

a) Rupeți oul într-un castron și bateți ușor. Adăugați zahărul și laptele și amestecați bine. Adăugați treptat 2 căni de Mix. Bate pana se omogenizeaza.

b) Umpleți ½ plin în formele de copt

c) Faceți toppingul combinând ⅓cană de amestec, zahăr brun și scortișoară. Întindeți bucatele de ananas peste aluat. Presărați topping peste ananas.

d) Coaceți într-un cuptor la 400 F. timp de 15 până la 20 de minute.

16. Tort cu sfeclă glazurată

Produce: 8

Ingrediente

- 1 pachet de 18 uncii amestec de tort de ciocolată plus ingredientele cerute pe cutie
- 3 căni de sfeclă, mărunțită
- 4 linguri de unt, topit
- ½ cană de zahăr de cofetă

Directii

a) Pregătiți și coaceți prăjitura conform instrucțiunilor din amestecul de prăjituri, îndoind sfecla pe măsură ce adăugați ingrediente umede.
b) Lăsați tortul să se răcească puțin.
c) Bateți untul și zahărul de cofetă împreună cu o furculiță.
d) Stropiți tortul cu glazură.

17. Un tort umed

Produce: 8

Ingrediente

- 1 cutie de 18,25 uncii amestec pentru tort de ciocolată
- 1 cană smântână
- 1 cană ulei de cocos
- 4 ouă
- ½ cană apă
- 1 cadă de 16 uncii glazură pregătită

Directii

a) Preîncălziți cuptorul la 350°F. Tava pentru tort se unge cu uns si faina. Pus deoparte.
b) Într-un castron mare, combinați amestecul de tort, smântâna, uleiul de cocos, ouăle și apa. Se toarnă într-o tavă de tort. Coaceți timp de 50 de minute.
c) Scoateți din cuptor și lăsați să se răcească complet. Îngheţ

18. Tort cu straturi de ciocolata

Produce: 12

Ingrediente

- 1 cutie de 18,25 uncii amestec de prăjitură cu ciocolată plus ingredientele cerute pe cutie
- 1 borcan de 6 uncii topping de înghețată caramel
- 7 uncii ulei de măsline
- 1 cuvă de 8 uncii topping fără lapte, dezghețat
- 8 bomboane, tăiate sau rupte în bucăți

Directii

a) Pregătiți și coaceți tortul conform instrucțiunilor pentru un tort de 9" × 13".

b) Scoateți tortul din cuptor și lăsați-l să se răcească timp de 10 minute înainte de a face găuri în partea de sus a prăjiturii cu o furculiță sau o frigărui cu vârfuri lungi.

c) Peste tort se toarnă caramel și apoi lapte condensat, umplând toate găurile. Lasam prajitura sa stea pana s-a racit complet.

d) Înghețați cu topping bătut și stropiți cu bucăți de bomboane. Se pune la frigider

19. Tort Tres leches

Face: 16 mini prăjituri

Ingrediente:
- 1 cană făină universală
- 1½ linguriță de praf de copt
- Ciupiți de sare
- 5 ouă mari, separate
- 4 linguri de unt, topit si racit
- 1 cană plus 3 linguri de zahăr granulat
- 4 lingurite extract de vanilie
- ¼ cană lapte integral
- Cutie de 350 ml lapte evaporat
- Cutie de 400 ml lapte condensat
- 2½ căni de smântână groasă
- 1 lingura de unt nesarat, topit si racit

Directii

a) Încinge cuptorul la 340°F (171°C). Ungeți și făină o formă de brioșe de 24 de căni sau două forme de brioșe de 12 căni, umplând cavitățile goale cu apă și lăsați deoparte.
b) Într-un castron mediu, amestecați făina universală, praful de copt și sarea. Pus deoparte.
c) Împărțiți albușurile și gălbenușurile în diferite boluri medii. Într-un bol, bate gălbenușurile, 2 linguri de unt și
d) ¾ cană de zahăr cu un mixer electric la viteză medie până când este galben pal. Adăugați 2 lingurițe de extract de vanilie și lapte integral și bateți la viteză mică până se încorporează.
e) În celălalt bol, bate albușurile la viteză medie-mare timp de 2 minute până se formează vârfuri moi.
f) Adăugați ¼ de cană de zahăr și continuați să bateți la viteză medie-mare până când albusurile sunt tari.

g) Combinați amestecurile de gălbenuș și făină. Încorporați ușor amestecul de albușuri de ou și apoi puneți aluatul în formă de brioșe sau forme.
h) Coaceți timp de 20 de minute sau până când centrul este fixat. Scoateți, faceți găuri în partea de sus cu o furculiță și lăsați să se răcească.
i) Într-un castron mediu, combinați laptele evaporat, laptele condensat, ½ cană smântână groasă, restul de 2 linguri de unt și untul nesărat și turnați peste prăjituri.
j) Bateți restul de 2 căni de smântână groasă, restul de 3 linguri de zahăr și restul de 2 lingurițe de extract de vanilie cu un mixer electric la viteză medie până devine pufos. Se intinde peste prajiturile racite.
k) Depozitare: A se păstra într-un recipient ermetic la frigider până la 3 zile.

20. Tort de ciocolata

Ingrediente:

- Cacao pentru praf tigaie
- 6 linguri de unt nesarat
- 4 uncii de ciocolată neîndulcită
- 1/3 cană jumătate și jumătate
- 1/3 cană conserve din toate fructele de zmeură
- 1 lingurita pudra espresso instant
- 1 lingura zahar
- 3 ouă mari, separate
- 1 lingurita extract de vanilie
- 22 de pachete de îndulcitor cu aspartam
- $\frac{1}{8}$ lingurita crema de tartru
- $\frac{1}{4}$ cană făină universală
- $\frac{1}{8}$ linguriță sare
- 1 cană smântână groasă
- $\frac{1}{2}$ cană zmeură pentru garnitură (opțional)

Directii:

a) Combinați untul, ciocolata, jumătate și jumătate, conservele de zmeură și pudra de espresso într-un vas sigur pentru cuptorul cu microunde. Se încălzește în cuptorul cu microunde la putere mare (100 la sută putere) până când ciocolata se topește, 2 până la 3 minute.

b) Se amestecă zahărul, gălbenușurile de ou și vanilia. Adăugați aspartamul, amestecând până la omogenizare.

c) Intr-un alt castron, batem albusurile spuma, apoi adaugam crema de tartru si batem pana la varfuri tari. Îndoiți amestecul de ciocolată în albușuri, apoi adăugați făina și sarea combinate, având grijă să nu amestecați prea mult. Se toarnă în tava pregătită. Coace.

21. Tort Bundt de ciocolată

Porți 6

Ingrediente:

- 1 ½ cană (150 g) făină de migdale
- ½ cană (75 g) Natvia
- ⅓ cană (30 g) pudră de cacao neîndulcită
- 1 lingurita (5g) praf de copt
- ⅓ cană (85 g) lapte de migdale neîndulcit
- 2 ouă mari (51 g fiecare)
- 1 linguriță (5 g) extract de vanilie

Directii:
a) Preîncălziți friteuza cu aer la 180°C, timp de 3 minute.
b) Într-un castron mare, amestecați toate ingredientele până se combină bine.
c) Pulverizați o mini cutie Bundt cu ulei. NB: Formele de prăjitură Bundt sunt disponibile într-o varietate de dimensiuni, dimensiunea de care aveți nevoie va depinde de dimensiunea friteuzei dvs. cu aer. Un spray ușor cu ulei sau o perie cu unt topit va preveni lipirea.
d) Scoateți aluatul în tavă.
e) Puneți în coșul de friteuză cu aer și gătiți la 160°C, timp de 10 minute.
f) Se răcește timp de 5 minute înainte de a se scoate.

BROWNURI DE CIOCOLATA

22. Brownie de amestec de prăjituri

Produce: 12

Ingrediente

- 1 pachet amestec de tort cu ciocolata (dimensiune normala)
- 3/4 cană unt, topit
- 1 conserve (5 uncii) de lapte evaporat, împărțit
- 1 pachet (11 uncii) biți de caramel Kraft
- 1 cană chipsuri de ciocolată semidulce
- 1 pachet amestec galben de tort (dimensiune normală)
- 1 ou mare, la temperatura camerei
- 1/2 cană plus 1 lingură unt, înmuiat, împărțit
- 1 cutie (14 uncii) lapte condensat îndulcit
- 1 pachet (11-1/2 uncii) chipsuri de ciocolată cu lapte

Directii

a) Preîncălziți cuptorul la 350°. Aliniați un 13x9-in. tava de copt cu pergament; hârtie grasă.

b) Într-un castron mare, bate amestecul de tort de ciocolată, untul topit și 1/3 cană lapte evaporat până se omogenizează; aluatul va fi gros. Rezervați 1/4 cană de aluat pentru topping. Întindeți aluatul rămas în tava pregătită. Coaceți 6 minute.

c) Între timp, într-un cuptor cu microunde, topește bucățile de caramel și 1/3 cană lapte evaporat rămas; se amestecă până la omogenizare. Presărați crusta de ciocolată fierbinte cu chipsuri demidulci; turnați amestecul de caramel deasupra. Pus deoparte.

d) Într-un alt castron mare, bate amestecul galben de tort, oul și 1/2 cană unt înmuiat până se combină; aluatul va fi gros. Rezervați jumătate pentru topping. Se sfărâmă amestecul rămas peste stratul de caramel. Coaceți 6 minute.

e) Într-un cuptor cu microunde, topește laptele condensat îndulcit, fulgii de ciocolată cu lapte și 1 lingură rămasă de unt moale; se amestecă până la omogenizare.

f) Se toarnă peste stratul de tort galben. Se presară cu aluatul de prăjitură galben și ciocolată rezervat. Coaceți până când blatul este auriu, 20-25 de minute.

g) Se răcește complet pe un grătar. Depozitați într-un recipient etanș.

23. Brownie-uri Triple Fudge

Produce: 12

Ingrediente

- 1 pachet (3,9 uncii) amestec de budincă de ciocolată instant
- 1 pachet amestec de tort cu ciocolata (dimensiune normala)
- 2 cesti chipsuri de ciocolata semidulce
- zahăr
- Inghetata de vanilie

Directii

a) Pregătiți budinca conform instrucțiunilor de pe ambalaj. Se amestecă amestecul uscat pentru tort. Se amestecă fulgi de ciocolată.

b) Se toarnă într-un 15x10x1-in uns. tava de copt. Coaceți la 350° până când partea superioară se ridică înapoi când este ușor atins, 30-35 de minute.

c) Pudrați cu zahăr

24. Brownies cu crema de branza

Produce: 12

Ingrediente

- 1 cutie de 18,25 uncii amestec pentru tort de ciocolată
- ½ cană unt, topit
- 2 ouă, împărțite
- ½ cutie zahăr cofetar
- 1 pachet de 8 uncii cremă de brânză, înmuiată

Directii

a) Preîncălziți cuptorul la 325°F. Tava pentru tort se unge si se faina. Pus deoparte.
b) Combinați amestecul de prăjitură, untul și 1 ou. Amesteca bine. Apăsați amestecul în tava de copt. Combinați oul rămas cu ultimele două ingrediente și întindeți deasupra amestecului de tort.
c) Coaceți timp de 28 de minute. Lăsați să se răcească complet în tigaie înainte de a tăia în pătrate brownie.

25. Brownies cu arahide

Face: 36

Ingrediente

- 1 pachet de 18,25 uncii amestec de tort cu ciocolată neagră
- ½ cană chipsuri de ciocolată neagră, măcinate
- ½ cană de unt
- 2 oua
- ¼ cană apă
- 1 cuvă de 16 uncii gata pentru a întinde glazura de vanilie
- 1/3 cană unt de arahide
- 2 cani de zahar pudra
- ¼ cană cacao
- 3 linguri de apa
- ¼ cană unt de arahide
- ¼ cană unt
- 1 lingurita de vanilie

Directii
a) Preîncălziți cuptorul la 350°F. Pulverizați o tavă de 13" × 9" cu un spray de copt antiaderent care conține făină și lăsați deoparte.

b) Într-un castron mare, combinați amestecul de tort, ciocolata măcinată, $\frac{1}{2}$ cană de unt de arahide, ouăle și apa și amestecați până se omogenizează. Bateți 40 de mișcări, apoi întindeți-o în tava pregătită.

c) Coaceți timp de 26-31 de minute sau până când brownies-urile sunt abia întărite. Se răcește complet pe grătar.

d) În același castron, amestecați zahărul pudră și cacao și amestecați bine. Într-un castron mic pentru cuptorul cu microunde, combinați apa, untul de arahide și cuptorul cu microunde la putere maximă până când untul se topește, aproximativ 1 minut.

e) Se toarnă în amestecul de zahăr pudră, se adaugă vanilie și se bate până la omogenizare.

f) Se toarnă imediat peste umplutura cu unt de arahide și se întinde ușor pentru a acoperi. Lăsați să stea până când glazura este fermă, apoi tăiați în batoane.

26. Mușcături de Brownie

Produce: 24

Ingrediente

- 1 cutie de 18,25 uncii amestec vegan pentru tort de ciocolată
- 1 cutie de 29 uncii piure de dovleac
- 2 căni bucăți de ciocolată vegană
- 1 cana nuci tocate

Directii
a) Preîncălziți cuptorul la 350°F.
b) Folosește un mixer electric pentru a combina amestecul de tort și dovleacul până când se încorporează complet. Încorporați bucăți de ciocolată și nuci.
c) Puneți cu lingurițe pe o foaie de copt antiaderentă. Coaceți timp de 10 minute. Se răcește pe un grătar.

27. Brownies cu chips de ciocolată

Produce: 12

Ingrediente

- 1 pachet de 3,9 uncii budincă instant de vanilie plus ingredientele cerute pe cutie
- 2 cani de lapte integral
- 1 cutie de 18,25 uncii amestec de prăjitură de ciocolată fără budincă
- 2 cesti chipsuri de ciocolata semidulce

Directii
a) Preîncălziți cuptorul la 350°F.
b) Bateți budinca și laptele pentru a se combina bine.
c) Adăugați încet amestecul de tort la amestecul de budincă. Încorporați fulgi de ciocolată.
d) Turnați aluatul într-o tavă cu jeleu și coaceți timp de 15 până la 20 de minute.
e) Lăsați puțin să se răcească înainte de a tăia în batoane.

28. Brownie cu alune

Face: 24 brownies

Ingrediente:
- 1 cană amestec de tort de ciocolată
- 2 linguri de unt nesarat
- 8 linguri de unt
- $1\frac{1}{2}$ cană de zahăr brun închis, bine ambalat
- $\frac{1}{2}$ cană chipsuri de ciocolată cu lapte
- $\frac{1}{2}$ cană chipsuri de ciocolată semidulce
- $\frac{1}{2}$ cană alune prăjite, tocate

Directii
a) Încinge cuptorul la 340°F (171°C). Ungeți ușor o tavă de copt de 9×13 inchi (23×33 cm) cu spray de gătit antiaderent și lăsați deoparte.
b) Într-un boiler la foc mic, topim untul nesarat și untul. După ce s-a topit, se ia de pe foc și se amestecă cu zahărul brun închis. Turnați amestecul de unt și zahăr în amestecul de tort și amestecați pentru a se combina.
c) Adăugați fulgi de ciocolată cu lapte, fulgi de ciocolată semidulce și alune de pădure și bateți câteva secunde pentru a se distribui rapid.
d) Transferați amestecul în tava pregătită și coaceți timp de 23 până la 25 de minute sau până când blatul arată întunecat și uscat. Se răcește complet în tigaie înainte de a tăia în 24 de bucăți și de a trece pe o farfurie.

29. Brownie cu conținut scăzut de carbohidrați

Produce: 12

Ingrediente

- 3 oua, batute
- 12 lingurite de unt
- 3oz. ciocolata neagramixtură pentru tort
- 3/4 C eritritol

Directii:

a) Preîncălziți cuptorul la 350°F.
b) Se amestecă ingredientele uscate și se lasă deoparte.
c) Topi untul si ciocolata impreuna timp de 30 de secunde, adaugam in oul batut si amestecam bine. Încorporați ingrediente uscate.
d) Turnați aluatul într-o tavă de 8x8 tapetată cu pergament. Coaceți timp de 20 de minute.

30. Brownie-uri Lăcuste

Produce: 12

Ingrediente

- 1 cutie de 10 uncii amestec de biscotti cu ciocolată
- 2 ouă mari
- 5 linguri de unt, topit
- Bucăți de ciocolată organică
- 3 linguri aroma de menta

Directii

a) Preîncălziți cuptorul la 350°F. Unge și făină tava de tort de 8" × 8". Pus deoparte.
b) Într-un castron mare, combinați amestecul de biscotti, ouăle, untul, bucățile de ciocolată și aroma de mentă.
c) Utilizați un mixer electric setat la viteză medie pentru a combina ingredientele. Se toarnă aluatul în tavă. Coaceți timp de 25 de minute.

31. Brownie-uri cu mentă

Produce: 18

Ingrediente

Brownie-uri

- 1 cană (230 g) unt nesărat
- 2 uncii de ciocolată semidulce, tocată grosier
- 1 cană amestec de tort de ciocolată

Strat de glazură de mentă
- 1/2 cană (115 g) unt nesărat, înmuiat la temperatura camerei
- 2 cesti (240 g) zahar de cofetarie
- 2 linguri (30 ml) lapte
- 1 și 1/4 linguriță extract de mentă
- 1 picătură colorant alimentar verde lichid sau gel

Strat de ciocolată
- 1/2 cană (115 g) unt nesărat
- 1 cană grămadă (aproximativ 200 g) chipsuri de ciocolată semidulce

Directii
Pentru brownies:

a) Topiți untul și ciocolata tocată într-o cratiță medie la foc mediu, amestecând constant, timp de aproximativ 5 minute.
b) Se amestecă în amestecul de tort

Pentru stratul de glazură cu mentă:
c) Bate untul la viteza medie pana devine omogen si cremos, aproximativ 2 minute. Adăugați zahărul de cofetă și laptele. Adăugați extractul de mentă și colorantul alimentar și bateți la maxim 1 minut întreg.

d) Înghețați brownies-urile răcite pe care le-ați așezat pe tava de copt și puneți tava la frigider.

Pentru stratul de ciocolata:
e) Topiți untul și fulgii de ciocolată într-o cratiță medie la foc mediu, amestecând constant, timp de aproximativ 5 minute.
f) Odată topit și neted, turnați peste stratul de mentă.
g) Răspândiți ușor cu un cuțit sau o spatulă offset. Chill.
h) Odată răcit, scoateți-l din frigider și tăiați-l în pătrate.

32. Brownies de cartofi dulci și cafea

Randament: 8

Ingrediente:

- 1/3 cană cafea fierbinte proaspăt preparată
- 1 uncie de ciocolată neîndulcită, tocată
- 1/4 cană ulei de canola
- 2/3 cană piure de cartofi dulci
- 2 lingurite extract pur de vanilie

Directii:

a) Preîncălziți cuptorul la 350 de grade Fahrenheit.

b) Într-un castron mic, combinați cafeaua și 1 uncie de ciocolată și lăsați deoparte timp de 1 minut.

c) Într-un castron mare, combinați uleiul, piureul de cartofi dulci, extractul de vanilie, zahărul, pudra de cacao și sarea. Se amestecă până când totul este bine omogenizat.

d) Combinați făina și praful de copt într-un castron separat. Adăugați fulgii de ciocolată și amestecați bine.

e) Folosind o spatulă, amestecați ușor ingredientele uscate în cele umede până când toate ingredientele sunt combinate.

f) Turnați aluatul în tava de copt și coaceți timp de 30-35 de minute, sau până când o scobitoare introdusă în centru iese curată.

33. Brownies cu coaja de mentă

Ingrediente:

- 20-oz. pachet. amestec de brownie fudge
- 12 oz. pachet. chipsuri de ciocolată albă
- 2 t. margarină
- 1-1/2 c. bastoane de bomboane, zdrobite

Directii

g) Pregătiți și coaceți amestecul de brownie conform instrucțiunilor de pe ambalaj, folosind o tavă de copt de 13"x9" unsă. După copt, se răcește complet în tavă.

h) Într-o cratiță, la foc foarte mic, topim fulgii de ciocolată și margarina, amestecând continuu cu o spatulă de cauciuc. Întindeți amestecul peste brownies; stropiți cu bomboane zdrobite.

i) Lăsați să stea aproximativ 30 de minute înainte de a tăia în pătrate. Face 2 duzini.

34. Batoane cu unt de arahide

INGREDIENTE

Ingrediente:

Crusta
- 1 cană făină de migdale
- 1/4 cană unt, topit
- 1/2 linguriță scorțișoară
- 1 lingurita eritritol
- Vârf de cuțit de sare

Fudge-ul
- 1/4 cană smântână grea
- 1/4 cană unt, topit
- 1/2 cană unt de arahide
- 1/4 cană eritritol
- 1/2 linguriță Extract de vanilie
- 1/8 linguriță gumă xantană

Toppingurile
- 1/3 cană ciocolată Lily's, mărunțită

Directii

a) Preîncălziți cuptorul la 400°F. Topiți 1/2 cană de unt. Jumătate va fi pentru crustă și jumătate pentru fudge. Combinați făina de migdale și jumătate din untul topit.

b) Adăugați eritritol și scorțișoară, apoi amestecați. Daca folosesti unt nesarat, adauga un praf de sare pentru a scoate mai multe arome.

c) Se amestecă până se omogenizează și se presează pe fundul unei tavi de copt tapetată cu hârtie de copt. Coaceți crusta timp de 10 minute sau până când marginile devin maro auriu. Scoateți-l și lăsați-l să se răcească.
d) Pentru umplutură, combinați toate ingredientele pentru fudge într-un blender mic sau într-un robot de bucătărie și amestecați. Puteți folosi și un mixer electric de mână și un bol.
e) Asigurați-vă că răzuiți părțile laterale și obțineți toate ingredientele bine combinate.
f) După ce crusta s-a răcit, întindeți ușor stratul de fudge până pe părțile laterale ale vasului de copt. Folosește o spatulă pentru a uniformiza partea superioară cât poți de bine.
g) Chiar înainte de a vă răcori, completați batoanele cu niște ciocolată tocată. Aceasta poate fi sub formă de chipsuri de ciocolată fără zahăr, ciocolată neagră fără zahăr sau doar ciocolată neagră veche și bună.
h) Dați la frigider peste noapte sau congelați dacă doriți în curând.
i) Când s-a răcit, scoateți batoanele trăgând de hârtie de pergament. Cu in 8-10 batoane si servim! Aceste batoane cu unt de arahide ar trebui savurate reci! Dacă le luați la mers, asigurați-vă că le transportați într-o pungă de prânz izolată pentru a le menține ferm.

35. Brownie-urile preferate de dovlecel

Ingrediente:

- 1/4 c. unt, topit
- 1 cană unt de arahide
- 1 ou, batut
- 1 t. extract de vanilie
- 1 c. făină universală
- 1 t. praf de copt
- 1/2 t. praf de copt
- 1 T. apă
- 1/2 t. sare
- 2-1/2 T. cacao de copt
- 1/2 c. nuci decojite
- 3/4 c. dovlecel, tocat
- 1/2 c. chipsuri de ciocolată semidulce

Directii

a) Într-un castron mare, amestecați toate ingredientele, cu excepția chipsurilor de ciocolată.

b) Întindeți aluatul într-o tavă unsă cu unsoare de 8"x8"; se presara aluatul cu chipsuri de ciocolata.

c) Se coace la 350 de grade timp de 35 de minute. Se răcește înainte de a le tăia în batoane. Face o duzină.

36. Brownies de ciocolată cu malț

Ingrediente:

- 12 oz. pachet. chipsuri de ciocolată cu lapte
- 1/2 c. unt, înmuiat
- 3/4 c. zahăr
- 1 t. extract de vanilie
- 3 oua, batute
- 1-3/4 c. făină universală
- 1/2 c. lapte praf malt
- 1/2 t. sare
- 1 c. bile de lapte malt, tocate grosier

Directii

a) Topiți fulgii de ciocolată și untul într-o cratiță la foc mic, amestecând des. Se ia de pe foc; se lasa sa se raceasca putin.
b) Amestecați ingredientele rămase, cu excepția bilutelor de lapte cu malț, în ordinea dată.
c) Întindeți aluatul într-o tavă unsă cu unsoare de 13"x9". Se presara cu bile de lapte malt; Coaceți la 350 de grade timp de 30 până la 35 de minute. Rece. Tăiați în batoane. Face 2 duzini.

PRĂJITURI CU CIOCOLATĂ

37. Covrigei și Caramel

Face aproximativ 2 duzini

Ingrediente

- 1 pachet amestec de tort cu ciocolata (dimensiune normala)
- 1/2 cană unt, topit
- 2 ouă mari, la temperatura camerei
- 1 cană de covrigei în miniatură sparți, împărțiți
- 1 cană chipsuri de ciocolată semidulce
- 2 linguri topping de caramel sarat

Directii

a) Preîncălziți cuptorul la 350°. Combinați amestecul de prăjitură untul topit și ouăle; bate pana se omogenizeaza. Se amestecă 1/2 cană de covrigei, fulgi de ciocolată și topping de caramel.

b) Puneți cu linguri rotunjite la distanță de 2 inchi pe foi de copt unse. Aplatizați ușor cu fundul unui pahar; apăsați covrigii rămași peste fiecare. Coaceți 8-10 minute sau până când se fixează.

c) Se răceşte pe tigăi timp de 2 minute. Scoateți pe rafturi pentru a se răci complet.

38. Biscuitul Buckeye

Face 12 portii

Ingrediente

- 1 pachet amestec de tort cu ciocolata (dimensiune normala)
- 2 ouă mari, la temperatura camerei
- 1/2 cană ulei de măsline
- 1 cană chipsuri de ciocolată semidulce
- 1 cană de unt de arahide cremos
- 1/2 cană zahăr cofetar

Directii

a) Preîncălziți cuptorul la 350°.

b) Într-un castron mare, amestecați amestecul de prăjitură, ouăle și uleiul până se omogenizează. Se amestecă fulgi de ciocolată. Apăsați jumătate din aluat într-un format de 10 inchi. fontă sau altă tigaie rezistentă la cuptor.

c) Combinați untul de arahide și zahărul de cofetarie; se întinde peste aluat în tigaie.

d) Presă aluatul rămas între foile de pergament într-un format de 10 inchi. cerc; supraumplerea locului.

e) Coaceți până când o scobitoare introdusă în centru iese cu firimituri umede, 20-25 de minute.

39. Fursecuri cu amestec de tort

Produce: 54 de portii

Ingredient

- 1 pachet amestec de prăjituri cu ciocolată germană; budinca inclusa
- 1 cană Chipsuri de ciocolată semidulce
- ½ cană de ovăz rulat
- ½ cană de stafide
- ½ cană ulei de măsline
- 2 oua; ușor bătută

Directii

a) Încinge cuptorul la 350 de grade.

b) Într-un castron mare, combinați toate ingredientele; amesteca bine. Puneți aluatul cu linguriţe rotunjite de două centimetri una de alta pe foi de prăjituri neunsate.

c) Coaceți la 350 de grade timp de 8-10 minute sau până când se fixează. Se răcește 1 minut; scoateți din foile de biscuiți.

40. Devil Crunch Cookies

Produce: 60 de cookie-uri

Ingrediente

- 1 amestec de tort de ciocolată de 18,25 uncii
- ½ cană ulei de măsline
- 2 oua, putin batute
- ½ cană nuci pecan tocate
- 5 batoane obișnuite de ciocolată cu lapte, împărțite în pătrate
- ½ cană fulgi de cocos îndulcit

Directii

a) Preîncălziți cuptorul la 350°F.
b) Combinați amestecul de prăjitură, uleiul și ouăle într-un castron și amestecați complet. Îndoiți ușor nucile pecan în aluat.
c) Puneți aluatul pe lingurițe pe foi de prăjituri neunse. Coaceți timp de 10 minute. Scoateți când fursecurile sunt setate, dar încă puțin moale în centru.
d) Pune un pătrat de ciocolată cu lapte pe fiecare prăjitură. Când se topește, se întinde pentru a crea o acoperire de ciocolată pe vârful prăjiturii.
e) Transferați fursecurile imediat pe un grătar și lăsați-le să se răcească complet.

41. Biscuiți pecan

Produce: 24 de cookie-uri

Ingrediente

- 1 cană amestec de tort cu nuci pecan
- 1 cană amestec de tort de ciocolată
- 2 oua, putin batute
- ½ cană ulei de măsline
- 2 linguri de apa

Directii
a) Preîncălziți cuptorul la 350°F.
b) Combinați ingredientele și amestecați pentru a forma un aluat uniform.
c) Puneți cu lingurițe pe o foaie de biscuiți neunsă. Coaceți timp de 15 minute sau până când devin aurii și se întăresc.
d) Lasam sa se raceasca pe tava de biscuiti 5 minute. Scoateți pe un grătar pentru a se răci complet.

42. Brownies cu frisca

face; 48 cookie-uri

Ingrediente

- 1 cutie de 18 uncii amestec pentru tort de ciocolată
- 1 lingura pudra de cacao
- 1 ou
- 1 cană nuci pecan, tocate
- $\frac{1}{4}$ cană zahăr
- 4 uncii topping bătut

Directii
a) Preîncălziți cuptorul la 350°F.
b) Combinați amestecul de prăjitură, pudra de cacao și oul și amestecați bine. Îndoiți ușor nucile pecan în aluat.
c) Ungeți-vă mâinile cu zahăr, apoi modelați aluatul în bile mici. Ungem bilutele de biscuiți cu zahăr.
d) Puneți pe o foaie de prăjituri, lăsând 2 inci între fursecuri.
e) Coaceți 12 minute sau până când se fixează. Scoateți din cuptor și transferați pe un grătar pentru a se răci. Acoperiți cu topping bătut.

43. Mix de prăjituri Prajituri pentru sandvici

Produce: 10

Ingrediente

- 1 cutie de 18,25 uncii amestec pentru tort de ciocolată
- 1 ou, la temperatura camerei
- ½ cană de unt
- 1 glazură de vanilie în cadă de 12 uncii

Directii
a) Preîncălziți cuptorul la 350°F.
b) Acoperiți o foaie de biscuiți cu un strat de hârtie de pergament. Pus deoparte.
c) Într-un castron mare, combinați amestecul de tort, oul și untul. Utilizați un mixer electric pentru a crea un aluat fin și uniform.
d) Rulați aluatul de biscuiți în bile de 1" și așezați-le pe o foaie de biscuiți. Apăsați fiecare bila cu o lingură pentru a se aplatiza. Coaceți timp de 10 minute.
e) Lăsați fursecurile să se răcească complet înainte de a pune un strat de glazură între două fursecuri.

44. Granola şi prăjituri de ciocolată

Produce: 36 de cookie-uri

Ingrediente

- 1 amestec de tort de ciocolată de 18,25 uncii
- ¾ cană unt înmuiat
- ½ cană de zahăr brun la pachet
- 2 oua
- 1 cană granola
- 1 cană chipsuri de ciocolată albă
- 1 cană cireșe uscate

Directii

a) Preîncălziți cuptorul la 375°F.
b) Într-un castron mare, combinați amestecul de tort, untul, zahărul brun și ouăle și bateți până se formează aluatul.
c) Se amestecă granola și fulgii de ciocolată albă. Puneți lingurițe la distanță de aproximativ 2 inci pe foi de prăjituri neunsate.
d) Coaceți timp de 10-12 minute sau până când prăjiturile sunt ușor aurii pe margini.
e) Se răcește pe foi de prăjituri timp de 3 minute, apoi se scot pe un grătar.

45. Prajituri cu zahar

Produce: 48 de cookie-uri

Ingrediente

- 1 amestec de tort de ciocolată albă de 18,25 uncii
- ¾ cană de unt
- 2 albusuri
- 2 linguri smantana usoara

Directii

a) Pune amestecul de tort într-un castron mare. Folosind un blender de patiserie sau două furculițe, tăiați unt până când particulele sunt fine.
b) Amestecați albușurile și smântâna până se omogenizează. Modelați aluatul într-o bilă și acoperiți.
c) Se da la rece cel putin doua ore si pana la 8 ore la frigider.
d) Preîncălziți cuptorul la 375°F.
e) Rulați aluatul în bile de 1" și puneți-le pe foi de prăjituri neunsate. Aplatizați la ¼" grosime cu fundul unui pahar.
f) Coaceți timp de 7-10 minute sau până când marginile furseculului devin maro deschis.
g) Răciți pe foi de prăjituri timp de 2 minute, apoi scoateți pe rafturi pentru a se răci complet.

46. Cookie-uri germane

Produce: 4 duzini de fursecuri

Ingrediente

- 1 cutie de 18,25 uncii amestec de prăjitură cu ciocolată germană
- 1 cană chipsuri de ciocolată semidulce
- 1 cană fulgi de ovăz
- ½ cană ulei de măsline
- 2 oua, putin batute
- ½ cană stafide
- 1 lingurita de vanilie

Directii

a) Preîncălziți cuptorul la 350°F.
b) Combinați toate ingredientele. Se amestecă bine folosind un mixer electric setat la viteză mică. Dacă se formează firimituri făinoase, adăugați un strop de apă.
c) Puneți aluatul cu lingurițe pe o foaie de biscuiți neunsă.
d) Coaceți timp de 10 minute.
e) Se răcește complet înainte de a ridica fursecurile de pe foaie și pe un vas de servire.

47. Inghetata de ciocolata soia

Produce: 1-1/4 litri

Ingredient

- 3/4 cană zahăr din trestie evaporat
- 1/3 cană cacao de copt neîndulcită, cernută
- 1 lingura amidon de tapioca
- 2-1/2 cani de lapte de soia sau de canepa (grasime plina)
- 2 lingurite ulei de cocos
- 2 lingurite extract de vanilie

Directii

a) Într-o cratiță mare, amestecați zahărul, cacao și amidonul de tapioca și amestecați până când cacao și amidonul sunt încorporate în zahăr. Se toarnă laptele, amestecând pentru a se încorpora. La foc mediu, aduceți amestecul la fierbere, amestecând des.

b) După ce ajunge la fierbere, reduceți focul la mediu-mic și bateți constant până când amestecul se îngroașă și îmbracă dosul lingurii, aproximativ 5 minute. Se ia de pe foc, se adaugă uleiul de cocos și vanilia și se amestecă.

c) Transferați amestecul într-un bol termorezistent și lăsați-l să se răcească complet.

d) Turnați amestecul în vasul unui aparat de înghețată de 1-1/2 sau 2 litri și procesați conform instrucțiunilor producătorului. Păstrați într-un recipient ermetic la congelator cel puțin 2 ore înainte de a asambla sandvișurile.

e) Lăsați înghețata să se înmoaie ușor, astfel încât să fie ușor de scos. Pune jumătate din fursecuri, cu fundul în sus, pe o suprafață curată. Pune o lingură generoasă de înghețată, aproximativ 1/3 cană, pe partea de sus a fiecărui fursec. Acoperiți înghețata cu fursecurile rămase, cu fundul biscuitului atingând înghețata.

f) Apăsați ușor pe cookie-uri pentru a le nivela. Înfășurați fiecare sandviș în folie de plastic sau hârtie cerată și întoarceți-l la congelator timp de cel puțin 30 de minute înainte de servire.

48. Sandvişuri duble cu ciocolată

Face: 12 până la 16 sandvișuri

Ingredient

- 1 cană de făină universală nealbită
- 1/2 cană cacao de copt neîndulcită, cernută
- 1/2 lingurita de bicarbonat de sodiu
- 1/4 lingurita sare
- 1/4 cană chipsuri de ciocolată nelactate, topite
- 1/2 cană margarină nelactate, înmuiată
- 1 cană de zahăr din trestie evaporat
- 1 lingurita extract de vanilie

Directii

a) Preîncălziți cuptorul la 325°F. Tapetați două foi de copt cu hârtie de copt.
b) Într-un castron mediu, combinați făina, pudra de cacao, bicarbonatul de sodiu și sarea. Într-un castron mare, cu un mixer electric de mână, cremă împreună bucățile de ciocolată topite, margarina, zahărul și vanilia până se combină bine. Adăugați ingredientele uscate la umed în loturi până se încorporează complet.
c) Puneți bile mici de aluat, de dimensiunea unei bile mari (aproximativ 2 lingurițe) pe foile de copt pregătite, la aproximativ 2 inci una de cealaltă. Ungeți ușor spatele unei linguri și apăsați ușor și uniform pe fiecare prăjitură până când este aplatizat și măsoară aproximativ 1-1/2 inci lățime. Coaceți timp de 12 minute, sau până când marginile

sunt setate. Dacă coaceți ambele foi în același timp, rotiți foile la jumătate.
d) După scoaterea din cuptor, lăsați fursecurile să se răcească pe tavă timp de 5 minute, apoi transferați pe un grătar. Lăsați fursecurile să se răcească complet. Depozitați într-un recipient etanș

49. Sandviș cu înghețată cu ciocolată și nucă de cocos

Produce: 1 litru

Ingredient

- 3/4 cană zahăr din trestie evaporat
- 1/3 cană cacao de copt neîndulcită, cernută
- 1 cutie (13,5 uncii) de lapte de cocos plin de grăsime (nu ușor)
- 1 cană lapte nelactat
- 1 lingurita extract de vanilie

Directii

a) Într-o cratiță mare, amestecați zahărul și cacao și amestecați până când cacao este încorporată în zahăr. Se toarnă laptele de cocos și celălalt lapte nelactat, amestecând pentru a se încorpora. La foc mediu, aduceți amestecul la fierbere, amestecând des. Odată ce ajunge la fierbere, reduceți focul la mediu-mic și bateți constant pana când zaharul se dizolvă, aproximativ 5 minute. Luați de pe foc și adăugați vanilia, amestecând pentru a se combina.

b) Transferați amestecul într-un bol termorezistent și lăsați-l să se răcească complet.

c) Turnați amestecul în vasul unui aparat de înghețată de 1-1/2 sau 2 litri și procesați conform instrucțiunilor producătorului. Păstrați într-un recipient ermetic la congelator cel puțin 2 ore înainte de a asambla sandvișurile.

d) Lăsați înghețata să se înmoaie ușor, astfel încât să fie ușor de scos. Pune jumătate din fursecuri, cu fundul în sus, pe o suprafață curată. Pune o lingură generoasă de înghețată, aproximativ 1/3 cană, pe partea de sus a fiecărui fursec. Acoperiți înghețata cu fursecurile rămase, cu fundul biscuitului atingând înghețata.

e) Apăsați ușor pe cookie-uri pentru a le nivela. Înfășurați fiecare sandviș în folie de plastic sau hârtie cerată și puneți-l la congelator timp de cel puțin 30 de minute înainte de servire.

50. Banane congelate cu ciocolata

Ingredient

- 4 banane mici ferme, dar coapte
- 6 oz. ciocolată cu lapte, ruptă în bucăți
- 6 linguri smântână groasă
- 4 linguri suc de portocale

Directii

a) Congelați bananele în coajă pentru aproximativ 2 ore.

b) Topiți ciocolata într-o tigaie mică cu smântâna și sucul de portocale, amestecând din când în când până se topește și se omogenizează. Se toarnă într-un bol rece și se lasă până când începe să se îngroașe și să se răcească. Nu-l lăsați să se răcească prea mult, altfel nu se va acoperi ușor.

c) Scoateți bananele din congelator și îndepărtați-le cu grijă. Înmuiați fiecare banană în ciocolată pentru a o acoperi bine, apoi îndepărtați-o folosind una sau două frigărui lungi de lemn. Țineți banana peste bol în timp ce excesul de ciocolată se scurge. Asezati apoi banana pe hartie cerata pana se intareste ciocolata. Se taie in 2 sau 3 bucati si se pune la congelator pana este gata de servire.

d) Introduceți un baton de Popsicle în fiecare bucată pentru servire, dacă doriți.

e) Aceste banane nu se păstrează bine și trebuie consumate în ziua în care sunt făcute.

51. Sandviș cu biscuiți cu înghețată

Ingredient

- 12 fursecuri de ciocolata
- 2 căni de înghețată de vanilie (sau altă aromă), înmuiată

Directii

a) Pune fursecurile pe o tava la congelator.

b) Răspândiți înghețata înmuiată într-o tigaie sau un recipient plat până la o grosime de aproximativ 1/2 inch și reînghețați. Când sunt din nou fermi, dar nu tari, tăiați 6 cercuri de înghețată pentru a se potrivi cu prăjiturile. Transferați cu grijă înghețata din tigaie pe 6 fursecuri.

c) Acoperiți cu un al doilea prăjitură. Apăsați în jos pentru a sigila bine și congelați până sunt gata de mâncare. Dacă sunt bine înghețate, scoateți din congelator cu 10 până la 15 minute înainte de a dori să le mâncați, altfel vor fi foarte tari.

d) Mănâncă în câteva zile.

CUPCAKES ŞI BROSE DE CIOCOLATA

52. Cupcakes cu amestec de prăjituri cu lămâie

Face 2 duzini

Ingrediente

- 1 pachet amestec de tort cu ciocolata alba
- 1/4 cană lemon curd
- 3 linguri suc de lamaie
- 3 lingurite coaja rasa de lamaie
- 1/2 cană unt, înmuiat
- 3-1/2 căni de zahăr de cofetă
- 1/4 cană gem de căpșuni fără semințe
- 2 linguri lapte 2%.

Directii

a) Tapetați 24 de căni de brioșe cu folii de hârtie.

b) Pregătiți aluatul pentru tort conform instrucțiunilor de pe ambalaj, scăzând apa cu 4 linguri și adăugând lemon curd, zeama de lămâie, coaja de lămâie, înainte de a amesteca aluatul.

c) Umpleți paharele pregătite aproximativ două treimi.

d) Coaceți și răciți cupcakes conform instrucțiunilor.

e) Într-un castron mare, bate untul, zahărul de cofetă, dulceața și laptele până se omogenizează. Brichete răcite cu îngheț.

53. Cupcakes cu ciocolată și caramel

Face 2 duzini

Ingrediente

- 1 pachet amestec de tort cu ciocolata
- 3 linguri de unt
- 24 de caramele
- 3/4 cană chipsuri de ciocolată semidulce
- 1 cana nuci tocate
- Nuci suplimentare

Directii

a) Pregătiți aluatul pentru prăjituri conform instrucțiunilor de pe ambalaj pentru cupcakes folosind unt.

b) Umpleți 24 de căni de brioșe tapetate cu hârtie până la o treime; lăsați aluatul rămas deoparte. Coaceți la 350° timp de 7-8 minute sau până când partea superioară a cupcake-ului pare întărită.

c) Presă ușor câte un caramel în fiecare cupcake; se presara cu chipsuri de ciocolata si nuca. Acoperiți cu aluatul rămas.

d) Coaceți încă 15-20 de minute sau până când o scobitoare iese curată.

e) Se răcește timp de 5 minute înainte de a scoate din tigăi pe rafturi pentru a se răci complet.

54. Cupcakes cu plăcintă cu noroi

Produce: 24

Ingrediente

- 1 cutie de 18,25 uncii amestec de prăjitură cu ciocolată plus ingredientele cerute pe cutie
- 3 linguri de unt
- 1 glazură de ciocolată în cadă de 16 uncii
- 2 căni de prăjituri de tip sandwich cu ciocolată mărunțite
- Sirop de ciocolata pentru garnitura
- 1 pachet de 8 uncii vierme de gumă

Directii
a) Pregătiți și coaceți cupcakes conform instrucțiunilor din amestecul de prăjituri.
b) Lăsați cupcakes să se răcească complet înainte de a îngheța.
c) Acoperiți glazura cu prăjituri și stropiți cu sirop de ciocolată.
d) Înjumătățiți viermii gumași. Puneți fiecare margine tăiată în glazură pentru a crea iluzia unui vierme care se alunecă în noroi.

55. Amestecul de prăjituri Briose cu dovleac

Produce: 24

Ingrediente

- 1 cutie de 29 uncii piure de dovleac
- 1 cutie de 16,4 uncii amestec pentru tort de ciocolată
- 3 linguri ulei

Directii
a) Preîncălziți cuptorul conform instrucțiunilor din amestecul de prăjituri folosind ulei.
b) Tapetați formele de brioșe cu pahare de hârtie de copt.
c) Amestecați piureul de dovleac într-un amestec de tort. Se toarnă în forme de brioșe.
d) Coaceți conform instrucțiunilor din amestecul de prăjituri pentru brioșe.

56. Mix de tort Praline Cupcakes

Produce: 24 de cupcakes

Ingrediente

- 1 cutie de 18,25 uncii amestec pentru tort de ciocolată
- 1 cană de zară
- ¼ cană ulei de măsline
- 4 ouă
- Topping cu inghetata de caramel
- Nuci pecan tocate pentru decor
- 72 praline

Directii

a) Preîncălziți cuptorul la 350°F. Tapetați o tavă de brioșe cu pahare de hârtie de copt.
b) Combinați amestecul de prăjitură, zara, uleiul și ouăle într-un castron mare și bateți folosind un mixer electric setat la viteză mică până se formează un aluat omogen. Umpleți paharele de copt până la jumătate.
c) Coaceți 15 minute sau până când blaturile sunt aurii. Scoateți cupcakes din cuptor și lăsați să se răcească complet înainte de a adăuga toppinguri.
d) Top cupcakes cu topping de caramel; se presara nuci pecan si se orneaza cu 3 praline per cupcake.

57. Cupcakes Piña Colada

Produce: 24 de cupcakes

Ingrediente

- 1 cutie de 18,25 uncii amestec de tort cu ciocolată albă
- 1 cutie de 3,9 uncii amestec instant de budincă franțuzească de vanilie
- ¼ cană ulei de măsline
- ½ cană apă
- 2/3 cană de rom ușor, împărțit
- 4 ouă
- 1 cutie de 14 uncii plus 1 cană de ananas zdrobit
- 1 cană nucă de cocos îndulcită, în fulgi
- 1 glazură de vanilie în cadă de 16 uncii
- 1 cadă de 12 uncii topping fără lapte
- Nucă de cocos prăjită pentru garnitură
- Umbrele de soare de cocktail

Directii
a) Preîncălziți cuptorul la 350°F.

b) Amestecați amestecul de prăjitură, amestecul de budincă, uleiul, apa și 1/3 cană de rom folosind un mixer electric la viteză medie. Adăugați ouăle pe rând, bătând încet aluatul pe măsură ce mergeți.
c) Îndoiți cutia de ananas și nucă de cocos. Se toarnă în tavă și se coace timp de 25 de minute.
d) Pentru a face glazura, amestecați 1 cană de ananas zdrobit, 1/3 cană de rom rămasă și glazura de vanilie până se îngroașă.
e) Adăugați topping fără lapte.
f) Înghețați cupcakes răciți complet și decorați cu nucă de cocos prăjită și o umbrelă de soare.

58. Mini prajituri Cherry Cola

Produce: 24

Ingrediente

- 2 oua
- 1 lingurita de vanilie
- 1 cutie de 18,25 uncii amestec de tort cu ciocolată albă
- 1 ¼ cană de cola cu aromă de cireșe
- 1 cuvă de 12 uncii glazură gata preparată la alegere

Directii
a) Preîncălziți cuptorul la 350°F.
b) Tapetați o tavă de brioșe cu pahare de hârtie de copt. Pulverizați ușor cu spray de gătit.
c) Combinați ouăle, vanilia, amestecul de prăjituri și cola cu cireșe într-un castron și amestecați bine folosind un mixer electric.
d) Coaceți timp de 20 de minute.
e) Cupcakes complet rece

59. Cupcakes Red Velvet

Produce: 24 de cupcakes

Ingrediente

- 2 albusuri
- 2 cani de amestec de tort Red Velvet
- 1 cană amestec de tort de ciocolată
- 1 pungă de 12 uncii chipsuri de ciocolată
- 1 cutie de 12 uncii sifon de lămâie-lamaie
- 1 cuvă de 12 uncii glazură cu smântână gata de întins

Directii

a) Preîncălziți cuptorul la 350°F. Tapetați o tavă de brioșe cu pahare de hârtie de copt.
b) Combinați albușurile, ambele amestecuri de prăjituri, fulgi de ciocolată și sifon într-un castron mare. Se amestecă bine până se formează un aluat omogen. Turnați aluatul în pahare de copt.
c) Coaceți timp de 20 de minute.
d) Lăsați cupcakes să se răcească înainte de a îngheța.

60. Cupcakes cu plăcintă cu mere

Produce: 24

Ingrediente

- 1 amestec de tort de ciocolată albă de 18,25 uncii
- ¼ cană apă
- ¼ cană ulei de cocos
- 1 ou
- 2 linguri amestec de condimente pentru plăcintă de dovleac preparat
- 1 cutie de 15 uncii umplutură de plăcintă cu mere
- 1 glazură cu cremă de brânză în cadă de 12 uncii

Directii
a) Preîncălziți cuptorul la 350°F. Tapetați o tavă de brioșe cu pahare de hârtie de copt.
b) Amestecați amestecul de tort, apa, uleiul de cocos, ouăle și amestecul de condimente cu un mixer electric până se formează un aluat omogen.
c) Îndoiți umplutura de plăcintă. Umpleți paharele de copt până la jumătate. Coaceți timp de 23 de minute.
d) Lăsați cupcakes să se răcească pe un gratar înainte de a îngheța.

61. Cupcakes cu șoarece

Produce: 24 de cupcakes

Ingrediente

- 1 cutie de 18,25 uncii amestec de prăjitură cu ciocolată plus ingredientele cerute pe cutie
- 1/2 cană ulei
- 24 de fursecuri mici, rotunde, cu mentă, ciocolată, tăiate la jumătate
- 1 pungă de 12,6 uncii de ciocolată rotundă acoperită cu bomboane
- Fire subțiri de lemn dulce negru
- 24 de linguri de inghetata de ciocolata

Directii
a) Preîncălziți cuptorul la 375°F. Tapetați o tavă de brioșe cu pahare de hârtie de copt.
b) Pregătiți aluatul și coaceți conform instrucțiunilor din amestecul de prăjituri pentru cupcakes cu ulei de măsline.
c) Scoateți cupcakes din cuptor și lăsați-i să se răcească complet.
d) Scoateți cupcakes din pahare de hârtie.
e) Folosind prăjituri rotunde înjumătățite pentru urechi, bomboane pentru ochi și nas și lemn dulce pentru mustăți, decorează cupcakes astfel încât să semene cu șoarecii. Puneți pe o foaie de biscuiți și congelați.

62. Brioşe de ciocolată Kirsch

Face: 6-8

Ingrediente:

- 1/2 linguriță de bicarbonat de sodiu
- 1/2 cană de unt
- ½ cană de ciocolată neagră tăiată grosier
- 3/4 cană de zahăr brun
- 1/4 cană de pudră de cacao neîndulcită
- 3/4 cană de lapte
- 1 1/4 cani de făină auto-crescătoare
- 2 oua
- 15 uncii de cireșe negre în sirop
- 1 lingura cacao
- În plus 1 linguriță de zahăr pudră

Directii
a) Setați cuptorul la 350°F. Pregătiți o tavă pentru brioșe cu 12 găuri cu căptușeală. Crema untul si zaharul impreuna, adaugand cate un ou pe rand.
b) Luați bicarbonatul de sodiu, cacao și făina și cerneți împreună cu amestecul de unt de mai înainte.
c) Terminați combinând cu laptele, ciocolata și împreună cu amestecul de unt de mai înainte.
d) Terminați combinând cu laptele, ciocolata și 25 de minute. Un semn că cupcakes sunt gata este să faci testul cu scobitoarea curată.
e) Odată fiert, puneți-l departe de căldură și lăsați-l să se răcească cât timp se face glazura. Înghet și bucură-te de el!

63. Briose cu morcovi

Produce: 10-12

Ingrediente:

- 1¾ cani de faina
- 1 lingurita sare
- 1 lingurita scortisoara
- 1 lingurita ghimbir macinat
- ½ lingurita de nucsoara rasa
- ¼ lingurita de bicarbonat de sodiu
- ⅛ linguriță de praf de copt
- 1 cană sirop de arțar
- ½ cană ulei de cocos solid topit
- ½ cană lapte
- 1 lingura suc proaspat de lamaie
- 1 lingurita extract de vanilie
- 2 cani de morcov ras
- ½ cană de ananas zdrobit, scurs
- ½ cană fiecare stafide, nucă de cocos și nuci pecan

Directii

a) Preîncălziți cuptorul la 350°F. Tapetați două forme de brioșe de 12 căni cu hârtie de brioșă sau ungeți și făinați formele.
b) Într-un castron mare, combinați făina, sarea, scorțișoara, ghimbirul, nucșoara, bicarbonatul de sodiu și praful de copt.
c) Într-un castron separat, combinați siropul de arțar, uleiul de cocos, laptele, sucul de lămâie și vanilia.
d) Combinați atât ingredientele umede, cât și cele uscate, apoi pliați-le ușor până când se combină

e) Încorporați morcovii, ananasul, stafidele, nuca de cocos și nucile pecan.
f) Umpleți formele de brioșe pregătite cu două treimi. Lăsați tortul să se coacă aproximativ 25 de minute.
g) Lăsați-le să se răcească puțin înainte de servire.

64. Cupcakes cu stafide cu rom

Ingrediente:

Stafide de rom
- ¼ cană rom negru
- ½ cană stafide aurie

Cupcakes
- 1 cană făină universală
- 1¼ linguriță de praf de copt
- ¼ lingurita de scortisoara macinata
- ⅛ linguriță de ienibahar măcinat
- ⅛ linguriță de nucșoară proaspăt rasă
- ½ cană de unt, ușor înmuiat
- 2 linguri de unt nesarat, putin inmuiat
- ¾ cană zahăr brun deschis
- 3 ouă mari
- 1 lingură extract pur de vanilie
- ¼ de linguriță extract de rom pur

Glazură cu cremă dulce

- ¼ cană unt nesărat
- ½ cană smântână groasă
- 2 cani de zahar pudra, cernut
- ⅛ linguriță sare

Directii

a) Pregătiți stafidele de rom: Într-o cratiță mică, încălziți romul la foc mic.
b) Amestecați stafidele și puneți-le departe de căldură.
c) Pune amestecul într-un castron, apoi acoperă-l cu o folie și lasă să stea la temperatura camerei timp de cel puțin 6 ore sau peste noapte.
d) Pregătiți cupcakes: aduceți temperatura cuptorului la 180 de grade

e) Pune căptușeli de hârtie în tava de brioșe. Într-un castron mediu, amestecați făina, praful de copt, scorțișoara, ienibaharul și nucșoara.
f) Pus deoparte. Într-un castron mare, folosind un mixer electric, amestecați untul, untul obișnuit și zahărul brun la viteză medie spre mare până când vedeți că devine ușor și ca un nor, adăugați treptat ouăle, batând bine după fiecare adăugare.
g) Incorporați extractele de vanilie și rom. Reduceți mixerul de viteză la minim, adăugați amestecul de făină și amestecați până când se combină.
h) Adăugați stafidele de rom și orice lichid rămas. Scoateți aluatul de cupcake în tavă.
i) Coaceți-l timp de aproximativ 20 până la 25 de minute sau până când devine maro auriu și o scobitoare introdusă în centrul unui cupcake iese curată.
j) Lăsați să se răcească în tavă timp de 5 minute, apoi transferați pe un grătar pentru a se răci complet. Cupcakes fără glazură se pot păstra până la 3 luni.
k) Pregătiți glazura cu smântână dulce:
l) Într-un castron mediu, folosind un mixer electric, bateți untul la viteză medie până devine cremos.
m) Se reduce viteza la medie si se adauga smantana si 1 cana de zahar pudra; bate pana se omogenizeaza bine. Adăugați încet restul de 1 cană de zahăr și sare.
n) Puneți glazura într-o pungă cu vârful la alegere și înghețați cupcakes sau pur și simplu înghețați-le cu un cuțit de unt sau cu o spatulă mică.
o) Păstrați cupcakes-urile înghețate într-un recipient ermetic la frigider timp de până la 1 săptămână.

65. Cupcakes cu ciocolată fierbinte

Face: 2-4

Ingrediente:

- ½ cană de făină universală
- 1 lingurita Praf de copt
- Ciupiți de sare
- 1/3 cană cacao
- ½-1 l. Fulgi de ardei roșu iute
- 2 linguri ulei
- Puțin ½ cană de lapte
- ½ linguriță de vanilie
- ¼ linguriță de oțet de mere
- ¼ cană de zahăr

Directii

a) Preîncălziți cuptorul la 365°. Combinați făina, praful de copt, sarea și zahărul. Tel! Adăugați ingredientele umede și amestecați până la omogenizare completă.
b) Umpleți 4-5 forme de cupcake la 2/3.
c) Coaceți timp de 20 de minute sau până când o scobitoare iese curată.
d) Lăsați să se răcească complet înainte de înghețare.

66. Brioșe cu crumble cu banane

Face: 8-10

Ingrediente

- 1 ½ cani de faina
- 1/3 cană unt
- 3 piure de banane
- 3/4 cană zahăr din trestie
- 1/3 cană zahăr brun la pachet
- 1 lingurita bicarbonat de sodiu
- 1 lingurita praf de copt
- 1/2 linguriță sare de masă
- 1 ou
- 2 linguri de faina
- 1 lingura de unt
- 1/8 linguriță de scorțișoară măcinată

Directii:

a) Aduceți căldura cuptorului la 350 f. și ungeți ușor cu unt o tavă de brioșe de 10 căni. Scoateți un castron mare și amestecați cele 1,5 căni de făină, bicarbonat de sodiu, praf de copt și sare.
b) Într-un castron separat, amestecați piureul de banane, oul, zahărul din trestie și 1/3 cană de unt topit.
c) Se amestecă acest amestec în primul amestec până când se omogenizează. Răspândiți acest aluat uniform în cupele pentru brioșe unse sau unse cu unt.
d) Într-un alt castron, combina zahărul brun, scorțișoara și 2 linguri de făină. Tăiați în 1 linguriță de unt.

e) Presaram acest amestec peste aluatul de briose din tavi. Se coace 18 - 20 minute; lăsați să se răcească pe un grătar și bucurați-vă.

67. Brioșe cu lămâie și nucă de cocos

Face: 8-10

Ingrediente:

- 1 1/4 cană făină de migdale
- 1 cană nucă de cocos mărunțită neîndulcită
- 2 linguri faina de cocos
- 1/2 lingurița de bicarbonat de sodiu
- 1/2 lingurița praf de copt
- 1/4 lingurița sare
- 1/4 cană de miere (crudă)
- Sucul și coaja de la 1 lămâie
- 1/4 cană lapte de cocos plin de grăsime
- 3 oua, batute
- 3 linguri ulei de cocos
- 1 lingurita extract de vanilie

Directii:

a) Aduceți căldura cuptorului la 350 f. Într-un castron mic, amestecați toate ingredientele umede. Într-un castron mediu, combinați toate ingredientele uscate. Acum turnați ingredientele umede în bolul pentru ingrediente uscate și amestecați într-un aluat.
b) Lăsați aluatul să stea câteva minute, apoi amestecați-l din nou. Acum ungeți o formă de brioșe și umpleți fiecare aproximativ două treimi din volum. Dați-l la cuptor și coaceți aproximativ 20 de minute.
c) Testează starea de fierbere a brioșei introducând o scobitoare în centru, iar dacă iese curată, înseamnă că ești gata. Scoatem din cuptor, lasam sa se raceasca un minut si servim!

68. Cupcakes cu pâine prăjită

Produce: 12

Ingrediente:

Topping

- ¼ cană făină universală
- ¼ cană de zahăr
- 2½ linguri de unt nesarat, tăiat în bucăți de ½ inch
- ½ lingurita de scortisoara macinata
- ¼ cană nuci pecan tocate

Cupcakes

- 1½ cani de faina universala
- 1 cană de zahăr
- 1½ linguriță de praf de copt
- 1 lingurita scortisoara macinata
- ½ linguriță de ienibahar măcinat
- ¼ lingurita de nucsoara proaspat rasa
- ½ lingurita sare
- ½ cană de unt ușor înmuiat
- ½ cană smântână
- 2 ouă mari
- ½ linguriță extract de arțar
- 4 felii de bacon

Directii

a) În primul rând, toppingul trebuie pregătit. Într-un castron mediu, amestecați zahărul, făina, scorțișoara, nucile și untul.
b) Folosind degetele, amestecați untul până când nu sunt bucăți mai mari decât puțină mazăre. Acoperiți și lăsați la frigider până când sunt pregătite pentru utilizare.

c) Configurați cupcakes: preîncălziți aragazul la 350°F. Tapetați o tavă de biscuiți de 12 căni cu căptușeală de hârtie. Într-un castron enorm, amestecați făina, zahărul, pudra de preparare, scorțișoara, ienibaharul, nucșoara și sarea. Puneți într-un loc sigur.
d) Într-un castron mare, folosind un blender electric, bateți untul, smântâna, ouăle și siropul de arțar la viteză medie până când amestecul este bine amestecat.
e) Reduceți viteza blenderului la mică și includeți amestecul de făină. Bate până se consolidează pur și simplu. Umpleți fiecare godeu din tava de biscuiți cu 2/3, coaceți-l timp de aproximativ 20 până la 25 de minute sau până când o scobitoare încorporată în punctul focal al unei cupcake spune adevărul.
f) În timp ce cupcakes se încălzesc, gătiți baconul așa cum vă place. Treceți pe un prosop de hârtie pentru a picura excesul de ulei și lăsați să se răcească. Cupcakes trebuie să fie răcit în tavă timp de aproximativ 15 minute. În acel moment, treceți pe un grătar pentru a se răci complet.
g) Tăiați baconul în 12 bucăți și apăsați o bucată în partea de sus a fiecărei briose.
h) Pentru a păstra brioșele în congelator, sigilați-le ermetic și poate rezista până la 3 luni, doar omiteți slănina. Reîncălziți în cuptorul de pâine pentru un plus de deliciu.

69. Cupcakes cu pasăre colibri

Produce: 12

Ingrediente:

- 2 banane mari coapte, pasate
- 1 cană de universal
- 1/2 linguriță praf de copt
- 1/3 cană ananas (zdrobit (nu se scurge)
- 1/2 linguriță de bicarbonat de sodiu
- 1/2 linguriță de scorțișoară măcinată
- 1/4 linguriță sare
- ½ cană de unt, la temperatura camerei
- 1/2 cană zahăr
- 2 ouă mari
- 1 lingurita extract pur de vanilie
- 1/2 cană nuci pecan tocate
- 1 cană nucă de cocos deshidratată neîndulcită
- 1/2 cană stafide aurii
- Glazura cu crema de branza
- 8 uncii cremă de brânză, la temperatura camerei
- 1/4 cană unt, la temperatura camerei
- 3 căni de zahăr pudră
- 2 lingurite extract de vanilie

Directii:

a) Preîncălziți cuptorul la 350 de grade așezând grătarul în centru. Tapetați o tavă de brioșe de 12 căni cu căptușeală de cupcake în pregătire.
b) Combinați bananele și ananasul într-un castron.
c) Se pasează împreună cu dosul unei furculițe și se lasă deoparte. Bateți sau amestecați făina, praful de copt,

bicarbonatul de sodiu, scorțișoara și sarea într-un castron mediu separat.
d) Adaugati untul si zaharul intr-un castron mare. Bateți cu telul până când amestecul devine pufos și ușor. Se pun treptat ouale si apoi extractul de vanilie. Adăugați ingredientele uscate în umed cu lingurițe și bateți până se combină bine.
e) Se amestecă ananasul și bananele, având grijă să nu se amestece prea mult. Încorporați nucile pecan, nuca de cocos și stafidele aurii (dacă se folosesc). Turnați aluatul în garnituri, lucrând pentru a umple cel puțin 2/3 din volum. Introduceți-l în cuptor și lăsați-l la cuptor pentru aproximativ 30 până la 40 de minute.
f) Semnele cupcakes-urilor terminate vor include o scobitoare care iese curata si are un aspect exterior auriu.
g) Scoatem din cuptor si punem pe un gratar sa se raceasca. Odată ce ați realizat acest lucru, utilizați o spatulă mică sau un cuțit de bucătărie pentru a îngheța blaturile fiecărui cupcake. Acoperiți cu nuci pecan tocate mărunt.

Glazura (crema de branza)

h) Puneti crema de branza si untul intr-un castron apoi bateti impreuna cu un tel pana se omogenizeaza si fara cocoloase.
i) Se adauga apoi extractul de vanilie si zaharul fin, batand continuu pana devine usor si omogen.

DESERTURI DE CIOCOLATA

70. Panna Cotta de ciocolată

5 portii

Ingrediente:

- 500 ml smântână groasă
- 10 g gelatină
- 70 g ciocolată neagră
- 2 linguri de iaurt
- 3 linguri de zahar
- un vârf de cuțit de sare

Directii:

a) Într-o cantitate mică de smântână, înmuiați gelatina.

b) Într-o cratiță mică, turnați smântâna rămasă. Aduceți zahărul și iaurtul la fiert, amestecând din când în când, dar nu fierbeți. Scoateți tigaia de pe foc.

c) Se amestecă ciocolata și gelatina până se dizolvă complet.

d) Umpleți formele cu aluat și dați la rece 2-3 ore.

e) Pentru a elibera panna cotta din matriță, treceți-o câteva secunde sub apă fierbinte înainte de a îndepărta desertul.

f) Decoreaza dupa bunul plac si serveste!

71. gogoși cu cireșe și ciocolată

Face 12
Timp total: 13 minute

Ingrediente

Ingrediente uscate

- 3/4 cană făină de migdale
- 1/4 cană făină din semințe de in auriu
- 1 linguriță Praf de copt
- Ciupiți de sare
- 10 g batoane de ciocolată neagră, tăiate în bucăți

Ingrediente umede

- 2 ouă mari
- 1 lingurita Extract de vanilie
- 2 1/2 linguri ulei de cocos
- 3 linguri lapte de cocos

Directii

a) Într-un castron mare, combinați ingredientele uscate (cu excepția ciocolatei negre).

b) Amestecați ingredientele umede și apoi adăugați bucățile de ciocolată neagră.

c) Conectați aparatul de gogoși și ungeți-l dacă este necesar.

d) Turnați aluatul în aparatul pentru gogoși, închideți și gătiți aproximativ 4-5 minute.

e) Reduceți focul la mic și gătiți încă 2-3 minute.

f) Repetați pentru restul aluatului și apoi serviți.

72. Fondue de ciocolată amaretto

Face 4 portii

Ingrediente

- 3 uncii de ciocolată de copt neîndulcită
- 1 cană smântână groasă
- 24 de pachete de îndulcitor aspartam
- 1 lingura zahar
- 1 lingurita amaretto
- 1 lingurita extract de vanilie
- Fructe de pădure, ½ cană per porție

Directii

e) Rupeți ciocolata în bucăți mici și puneți într-o măsură de sticlă de 2 căni cu smântână.

f) Se încălzește la cuptorul cu microunde la maxim până se topește ciocolata, aproximativ 2 minute. Bateți până când amestecul devine strălucitor.

g) Adăugați îndulcitorul, zahărul, amaretto și vanilia, amestecând până când amestecul este omogen.

h) Transferați amestecul într-un vas pentru fondue sau într-un bol de servire. Serviți cu fructe de pădure pentru înmuiere.

73. Fudge de cinci minute

Ingrediente:

- 2/3 cană lapte evaporat
- 1-2/3 cană zahăr
- 1/2 lingurita Sare
- 1-1/2 cană Marshmallows (Miniaturi funcționează cel mai bine)
- 1-1/2 cană Chips de ciocolată (semidulci)
- 1 lingurita de vanilie

Directii:

a) Combinați laptele, zahărul și sarea într-o cratiță la foc mediu.
b) Aduceți la fierbere și gătiți 4-5 minute, amestecând constant (începeți cronometrarea când amestecul începe să „bulboleze" în jurul colțurilor cratiței). Se ia de pe foc. Adăugați marshmallows, chipsuri de ciocolată și vanilie. Amestecați energic timp de 1 minut (sau până când Marshmallows sunt complet topite și amestecate). Se toarnă într-o tigaie pătrată de 8 inchi unsă cu unt. Se răcește până când nu cade sau nu se zgâlțâie în tigaie.
c) Îți plac nucile? Adăugați 1/2 cană nuci tăiate înainte de a le turna în tigaie.

74. Fondue de ciocolată cu mentă

Ingrediente:

- 1/2 cană smântână grea
- 2 linguri Lichior de mentă
- 8 uncii de ciocolată semidulce

Directii

a) Încălziți smântâna groasă la foc mediu mic
b) Adăugați lichior
c) Răziți ciocolata sau rupeți-o în bucăți mici și adăugați încet la amestec în timp ce amestecați
d) Se amestecă până se topește ciocolata

75. Sufleu de nor de ciocolată

Randament: 5 porții

Ingredient

- ⅓ cană smântână ușoară 3 gălbenușuri de ou
- 1 fiecare pachet de 3 uncii Dash sare
- Crema de branza 3 albusuri
- ½ cană demidulce
- Bucăți de ciocolată
- 3 linguri Cernute
- Zahărul de cofetarie

Directii:

a) Amestecați smântâna și crema de brânză la foc foarte mic. Adăugați bucăți de ciocolată; se încălzește și se amestecă până se topește. Rece. Bateți gălbenușurile de ou și sarea până se densează și devine o culoare de lămâie. Se amestecă treptat în amestecul de ciocolată. Bate albușurile până se formează vârfuri moi.

b) Adăugați treptat zahărul, batând până la vârfuri tari; se pliază amestecul de ciocolată. Se toarnă într-un vas de sufleu sau o caserolă neunsă de 1 litru. Coaceți în cuptorul lent (300ø) 45 de minute sau până când cuțitul introdus iese curat.

76. Fructe înmuiate în ciocolată

EUingrediente

- 2 mere sau 2 banane sau un bol de căpșuni
- 1/2 cană de ciocolată topită
- 2 linguri de nuci tocate (migdale, nuci, nuci braziliene) sau seminte (canepa, chia, susan, insemințemasă)

Directii:

a) Tăiați mărul în felii sau banana în sferturi. Topiți ciocolata și tocați nucile. Înmuiați fructele în ciocolată, stropiți cu nuci sau semințe și puneți-le pe tavă.

b) Transferați tava la frigider pentru a se întări ciocolata; servi.

c) Dacă nu vrei ciocolată, acoperiți fructele cu unt de migdale sau de floarea soarelui și stropiți cu semințe de chia sau de cânepă și tăiați-le în bucăți și serviți.

ȘI PĂTRAȚE DE CIOCOLATĂ

77. Batoane proteice vegane

Ingrediente:
- 1/3 cană amarant.
- 3 linguri de vanilie sau pudră proteică vegană fără aromă.
- 1 1/2-2 linguri sirop de arțar.
- 1 cană de unt de arahide sau de migdale sărat catifelat
- 2-3 linguri de ciocolată neagră vegană topită.

Direcții

a) Puneți-vă amarantul încălzind o oală mare la foc mediu-înalt.

b) Adăugați unt de arahide sau migdale și siropul de arțar într-un castron mediu și amestecați pentru a se integra.

c) Adăugați pudră de proteine și amestecați.

d) Includeți amarantul pătruns puțin câte una până când obțineți o textură de „aluat" liberă. Fiți atenți să nu includeți prea mult sau batoanele își pot pierde adezivitatea și nu vor rămâne împreună.

e) Transferați amestecul în tava de copt și apăsați pentru a forma un strat uniform. Așezați hârtie de pergament sau folie de plastic deasupra și utilizați obiecte cu fundul plat, cum ar fi o cană de măsurare lichidă, pentru a apăsa și a încărca amestecul într-un strat uniform și puternic.

f) Transferați la congelator pentru a se întări timp de 10-15 minute sau până la atingere. Apoi ridicați și tăiați în 9 batoane. Delectați-vă ca atare sau stropiți cu puțină ciocolată neagră topită.

g) Acestea se înmoaie puțin la temperatura camerei, așa că se păstrează la frigider (aproximativ 5 zile) sau la congelator.

78. Baton de quinoa umflat

Ingrediente:
- 3 linguri ulei de cocos.
- 1/2 cană pudră de cacao crudă.
- 1/3 cană sirop de arțar.
- 1 lingurita tahini
- 1 lingurita scortisoara.
- 1 lingurita pudra de vanilie.
- Sare de mare.

Directii

a) Într-o tigaie mică, la foc mediu-mic, topește uleiul de cocos, cacao crudă, tahini, scorțișoară, mare de arțar, siropul și sarea de vanilie împreună, până când ajunge să fie un amestec de ciocolată mai gros.

b) Puneți sosul de ciocolată peste quinoa pușcată și amestecați bine. Pune o lingură mare de crocante de ciocolată în căni mici de copt.

c) Pune-le la congelator pentru cel puțin 20 de minute pentru a se întări. Păstrați la congelator și bucurați-vă!

79. Cupe de matcha caju

Ingrediente:

- 2/3 cană unt de cacao.
- 3/4 cană pudră de cacao.
- 1/3 cană sirop de arțar.
- 1/2 cană de unt de caju sau orice doriți.
- 2 lingurițe pudră matcha.
- Sare de mare.

Directii:

a) Umpleți o tigaie cu 1/3 de cană de apă și plasați un vas deasupra, acoperind tigaia. Odată ce vasul este fierbinte, iar apa de dedesubt fierbe, se topește untul de cacao în interiorul vasului, se aprinde focul și. Odată ce s-a topit, se ia de pe foc și se amestecă siropul de arțar și pudra de cacao pentru câteva minute, până când ciocolata se îngroașă.

b) Folosind un suport de cupcake de dimensiune medie, umpleți stratul inferior cu o lingură generoasă de amestec de ciocolată. Când ați umplut toate suporturile pentru cupcake, introduceți-le în congelator timp de 15 minute pentru a se întări.

c) Scoateți ciocolata congelată din congelator și puneți 1 lingură de aluat de matcha/unt de caju deasupra stratului de ciocolată congelată. De îndată ce se face acest lucru, turnați ciocolata topită rămasă peste fiecare cupă, astfel încât să acopere orice. Stropiți cu sare de mare și lăsați-o să stea la congelator timp de 15 minute.

80. Felii de ciocolată de năut

Ingrediente:

- Cutie de năut 400 g, clătit, scurs.
- 250 g unt de migdale.
- 70 ml sirop de arțar.
- 15 ml pasta de vanilie.
- 1 praf sare.
- 2 g praf de copt.
- 2 g bicarbonat de sodiu.
- 40 g chipsuri de ciocolată vegană.

Directii

a) Preîncălziți cuptorul la 180° C/350° F.

b) Ungeți tava mare cu ulei de cocos.

c) Combinați năutul, untul de migdale, siropul de arțar, vanilia, sarea, praful de copt și bicarbonatul de sodiu într-un blender alimentar.

d) Se amestecă până la omogenizare. Amestecați jumătate din fulgii de ciocolată, întindeți aluatul în tava pregătită.

e) Se presară cu fulgi de ciocolată rezervate.

f) Coaceți timp de 45-50 de minute sau până când o scobitoare introdusă iese curată.

g) Se răcește pe un grătar timp de 20 de minute. Tăiați și serviți.

81. Batoane cu banane

Ingrediente:

- 130 g unt de arahide neted.
- 60 ml sirop de artar.
- 1 banană, piure.
- 45 ml apă.
- 15 g semințe de in măcinate.
- 95 g quinoa fiartă.
- 25 g semințe de chia.
- 5 ml vanilie.
- 90 g ovăz pentru gătit rapid.
- 55 g faina integrala.
- 5 g praf de copt.
- 5 g scorțișoară.
- 1 praf sare.

Topping:

- 5 ml ulei de cocos topit.
- 30 g ciocolata vegana, tocata.

Directii

a) Preîncălziți cuptorul la 180° C/350° F.

b) Tapetați o tavă de copt de 16 cm cu hârtie de copt.

c) Combinați semințele de in și apa într-un castron mic. Pune deoparte 10 minute.

d) Într-un castron separat, combinați untul de arahide, siropul de arțar și banana. Încorporați amestecul de semințe de in.

e) După ce obțineți un amestec omogen, adăugați quinoa, semințe de chia, extract de vanilie, ovăz, făină integrală, praf de copt, scorțișoară și sare.

f) Turnați aluatul în vasul de copt pregătit. Tăiați în 8 batoane.

g) Coaceți batoanele timp de 30 de minute.

h) Între timp, faceți toppingul; combinați ciocolata și uleiul de cocos într-un castron rezistent la căldură. Se pune peste apa clocotita, pana se topeste.

i) Scoateți batoanele din cuptor. Puneți pe un grătar timp de 15 minute pentru a se răci. Scoateți batoanele din vasul de copt și stropiți cu topping de ciocolată. Servi.

82. Patratele de caramel cu bacon confiate

Ingrediente:
- 8 felii de bacon
- ¼ cană zahăr brun deschis, bine ambalat
- 8 linguri de unt, inmuiat
- 2 linguri de unt nesarat, inmuiat
- ⅓ cană de zahăr brun închis, bine ambalat
- ⅓ cană zahăr cofetar
- 1½ cani de faina universala
- ½ linguriță sare
- ½ cană de biți de caramel
- 1 cană chipsuri de ciocolată neagră
- ⅓ ceasca de migdale tocate

Directii

a) Încinge cuptorul la 350°F (180°C). Într-un castron mediu, aruncați baconul și zahărul brun deschis și aranjați într-un singur strat pe o foaie de copt.

b) Coaceți timp de 20 până la 25 de minute sau până când baconul este auriu și crocant. Scoateți din cuptor și lăsați să se răcească timp de 15 până la 20 de minute. Tăiați în bucăți mici.

c) Reduceți temperatura cuptorului la 340°F (171°C). Tapetați o tavă de copt de 9 × 13 inchi (23 × 33 cm) cu folie de aluminiu, pulverizați cu spray de gătit antiaderent și lăsați deoparte.

d) Într-un castron mare, amestecați untul, untul nesărat, zahărul brun închis și zahărul de cofetă cu un mixer electric la viteză medie, până devine ușor și pufos. Adăugați treptat făina universală și sare, amestecând până se omogenizează. Se amestecă ¼ de cană de bucăți de caramel până când sunt distribuite uniform.

e) Presați aluatul în tava pregătită și coaceți timp de 25 de minute sau până când devine auriu. Scoateți din cuptor, stropiți cu chipsuri de ciocolată neagră și lăsați timp de 3 minute sau până când chipsurile se înmoaie.

f) Întindeți uniform ciocolata înmuiată deasupra și presărați cu migdale, slănină confiată și $\frac{1}{4}$ de cană de bucăți de caramel rămase. Se lasă să se răcească 2 ore sau până când ciocolata se întărește. Tăiați în 16 pătrate de 2 inchi (5 cm).

g) Depozitare: A se păstra într-un recipient ermetic la frigider până la 1 săptămână.

83. Batoane proteice cu nuci de ciocolata

Porții: 12 batoane Timp de preparare: 1 oră

Ingrediente:
- 100% unt de nuci pur, 250 g
- Seminte de vaci prajite, 1 ½ lingurita
- Iaurt simplu fără grăsimi, 110 g
- 100% proteină din zer pudră, 100 g
- Scorțișoară, 1 ½ linguriță
- Bucuri de cacao crude, 4 lingurițe
- 85% ciocolată neagră, 100 g
- Extract pur de vanilie, 1 lingura
- 100% pudră proteică de mazăre, 30 g

Directii
a) Adăugați toate ingredientele, cu excepția ciocolatei, în robotul de bucătărie și amestecați până la omogenizare.
b) Faceți 12 batoane din amestec și dați-le la frigider timp de 30 de minute.
c) Când batoanele sunt ferme, topește ciocolata în cuptorul cu microunde și înmoaie fiecare baton în ea și învelieste bine.
d) Aranjați batoanele acoperite pe o foaie căptușită și dați din nou la frigider pentru 30 de minute sau până când ciocolata este fermă.
e) Bucurați-vă.

84. Batoane proteice din ciocolată germană

Porții: 12 batoane

Ingrediente:
- Ovăz, 1 cană
- Nucă de cocos măruntită, ½ cană + ¼ cană, împărțită
- Pudră de proteine din soia, ½ cană
- Nuci pecan, ½ cana + ¼ cana, tocate, impartite
- Apă, până la ¼ cană
- Pudră de cacao, ¼ cană
- Extract de vanilie, 1 lingurita
- Bucuri de cacao, 2 linguri
- Sare, ¼ lingurita
- Curmale Medjool, 1 cană, fără sâmburi și înmuiate timp de 30 de minute

Directii:
a) Procesați ovăzul până la făină fină apoi adăugați pudră de cacao și pudră de proteine, procesați din nou.
b) Între timp scurgeți curmalele și adăugați-le în robotul de bucătărie. Pulsați timp de 30 de secunde, apoi adăugați ½ cană de nucă de cocos măruntită și ½ cană de nuci pecan, urmate de sare și vanilie.
c) Procesați din nou și adăugați apă puțin câte puțin și formați aluat.
d) Puneți aluatul într-un castron mare și adăugați nucile pecan și nuca de cocos rămase, urmate de niburi de cacao.
e) Asezam aluatul pe hartie de copt si il acoperim cu un alt pergament si formam un patrat gros.

f) Se da la frigider pentru 2 ore, apoi se scoate hartia de pergament si se taie in 12 batoane de lungimea dorita.

85. Batoane de tort cu proteine triple de ciocolata

Ingrediente:
- Făină de ovăz, 1 cană
- Bicarbonat de sodiu, ½ linguriță
- lapte de migdale, ¼ cană
- Pudră de proteine din zer de ciocolată, 1 lingură
- Amestecul de copt Stevia, ¼ cană
- Făină de migdale, ¼ cană
- Chips de ciocolată neagră, 3 linguri
- Sare, ¼ lingurita
- Nuci, 3 linguri, tocate
- Pudră de cacao închisă neîndulcită, 3 linguri
- Sos de mere neindulcit, 1/3 cană
- Ou, 1
- Iaurt grecesc simplu, ¼ cană
- Albușuri lichide, 2 linguri
- Pudră de proteine din zer de vanilie, 1 lingură

Directii
a) Preîncălziți cuptorul la 350 F.
b) Ungeți o tavă de copt cu spray de gătit și lăsați deoparte.
c) Într-un castron mare combinați ambele făinuri cu sare, bicarbonat de sodiu, ambele pudre proteice și pudră de cacao închisă. Ține deoparte.
d) Intr-un alt castron batem ouale cu stevia si batem pana se omogenizeaza bine apoi adaugam ingredientele umede ramase si batem din nou.
e) Amestecați treptat amestecul umed în amestecul uscat și amestecați bine pentru a se combina.

f) Adăugați nuci și fulgi de ciocolată, pliați-le ușor.
g) Transferați amestecul în tava pregătită și coaceți timp de 25 de minute.
h) Se lasa sa se raceasca inainte de a se scoate din tava si taia felii

86. Batoane de Zmeura-Ciocolata

Ingrediente:
- Unt de arahide sau migdale, ½ cană
- Seminte de in, ¼ cana
- Agave albastru, 1/3 cană
- Proteine de ciocolată pudră, ¼ de cană
- Zmeură, ½ cană
- Ovăz rulat instantaneu, 1 cană

Directii
a) Combinați untul de arahide cu agave și gătiți la foc mic, amestecând constant.
b) Când amestecul formează o textură netedă, adăugați-l la ovăz, semințe de in și proteine. Amesteca bine.
c) Adăugați zmeura și împăturiți-o ușor.
d) Transferați aluatul în tava pregătită și congelați timp de o oră.
e) Tăiați în 8 batoane când este ferm și savurați.

87. Batoane proteice de muesli

Ingrediente:
- Lapte de migdale neindulcit, ½ cană
- Miere, 3 linguri
- Quinoa, ¼ cană, fiartă
- Seminte de chia, 1 lingurita
- Făină, 1 lingură
- Pudră proteică de ciocolată, 2 lingurițe
- Chips de ciocolată, ¼ cană
- Scorțișoară, ½ linguriță
- Banană coaptă, ½, piure
- Migdale, ¼ cană, feliate
- Muesli, 1 ½ cană, din marca ta preferată

Directii
a) Preîncălziți cuptorul la 350 F.
b) Amestecați laptele de migdale cu piure de banane, semințe de chia și miere într-un castron mediu și țineți deoparte.
c) Într-un alt castron, combinați ingredientele rămase și amestecați bine.
d) Acum turnați amestecul de lapte de migdale peste ingredientele uscate și pliați totul bine.
e) Transferați aluatul într-o tavă și coaceți timp de 20-25 de minute.
f) Lăsați să se răcească înainte de a scoate din tavă și de a feli.

88. Batoane cu cireșe din Pădurea Neagră

Ingrediente:

- 3 21-oz. conserve umplutură de plăcintă cu cireșe, împărțite
- 18-1/2 oz. pachet. amestec de tort de ciocolata
- 1/4 c. ulei
- 3 oua, batute
- 1/4 c. coniac cu aromă de cireșe sau suc de cireșe
- 6 oz. pachet. chipsuri de ciocolată semidulce
- Opțional: topping bătut

Directii

a) Dă la frigider 2 cutii de umplutură de plăcintă până se răcesc. Folosind un mixer electric la viteză mică, amestecați cutia rămasă de umplutură de plăcintă, amestecul uscat de prăjitură, uleiul, ouăle și sucul de coniac sau de cireșe până se amestecă bine.
b) Se amestecă fulgi de ciocolată.
c) Turnați aluatul într-o tavă de copt de 13"x9" ușor unsă. Coaceți la 350 de grade timp de 25 până la 30 de minute, până când o scobitoare este curată; frig. Înainte de servire, întindeți umplutura de plăcintă răcită uniform deasupra.
d) Tăiați în batoane și serviți cu topping bătut, dacă doriți. Se servește 10 până la 12.

89. Batoane de popcorn cu afine

Ingrediente:

- 3 oz. pachet. floricele de porumb la microunde, popped
- 3/4 c. chipsuri de ciocolată albă
- 3/4 c. merișoare uscate îndulcite
- 1/2 c. fulgi de nucă de cocos îndulcit
- 1/2 c. migdale felii, tocate grosier
- 10 oz. pachet. bezele
- 3 T. unt

Directii

a) Tapetați o tavă de copt de 13"x9" cu folie de aluminiu; stropiți cu spray de legume antiaderent și lăsați deoparte. Într-un castron mare, amestecați floricele de porumb, chipsurile de ciocolată, merisoarele, nuca de cocos și migdalele; pus deoparte. Într-o cratiță la foc mediu, amestecați marshmallows și untul până se topesc și se omogenizează.

b) Se toarnă peste amestecul de floricele de porumb și se amestecă pentru a se acoperi complet; transferați rapid în tigaia pregătită.

c) Așezați o foaie de hârtie ceară deasupra; apăsați ferm. Răciți timp de 30 de minute sau până când este ferm. Ridicați barele din tigaie, folosind folie ca mânere; decojiți folia și hârtia ceară. Tăiați în batoane; se răcește încă 30 de minute. Face 16.

90. Bună, Dolly Bars

Ingrediente:
- 1/2 c. margarină
- 1 c. firimituri de biscuit Graham
- 1 c. fulgi de nucă de cocos îndulcit
- 6 oz. pachet. chipsuri de ciocolată semidulce
- 6 oz. pachet. chipsuri de unt
- 14 oz. cutie de lapte condensat îndulcit
- 1 c. nuci pecan tocate

Directii

a) Amestecați margarina și firimiturile de biscuit Graham; presați într-o tavă de copt de 9"x9" ușor unsă. Strat cu nucă de cocos, chipsuri de ciocolată și chipsuri de unt.

b) Deasupra se toarnă lapte condensat; se presară cu nuci pecan. Coaceți la 350 de grade timp de 25 până la 30 de minute. Lasa sa se raceasca; tăiate în bare. Face de la 12 la 16.

91. Batoane cu cremă irlandeză

Ingrediente:
- 1/2 c. unt, înmuiat
- 3/4 c. plus 1 T. făină universală, împărțită
- 1/4 c. zahăr pudră
- 2 T. coacere cacao
- 3/4 c. smântână
- 1/2 c. zahăr
- 1/3 c. Lichior de smântână irlandez
- 1 ou, batut
- 1 t. extract de vanilie
- 1/2 c. frișcă
- Opțional: stropi de ciocolată

Directii

a) Într-un castron, amestecați untul, 3/4 cană făină, zahărul pudră și cacao până se formează un aluat moale.

b) Presă aluatul într-o tavă neunsă de 8"x8". Se coace la 350 de grade timp de 10 minute.

c) Între timp, într-un castron separat, amestecați făina rămasă, smântâna, zahărul, lichiorul, oul și vanilia.

d) Amestecați bine; se toarnă peste stratul copt. Reveniți la cuptor și coaceți încă 15 până la 20 de minute, până când umplutura este fixată.

e) Se răcește ușor; se lasa la frigider cu cel putin 2 ore inainte de a taia in batoane. Într-un castron mic, cu un mixer electric la viteză mare, bate smântâna pentru frișcă până se formează vârfuri tari.

f) Serviți batoanele acoperite cu cârlițe de frișcă și stropiți, dacă doriți.

92. Banane Swirl Bars

Ingrediente:
- 1/2 c. unt, înmuiat
- 1 c. zahăr
- 1 ou
- 1 t. extract de vanilie
- 1-1/2 c. banane, piure
- 1-1/2 c. făină universală
- 1 t. praf de copt
- 1 t. praf de copt
- 1/2 t. sare
- 1/4 c. coace cacao

Directii

a) Într-un castron, bate împreună untul și zahărul; adauga oul si vanilia. Amestecați bine; se amestecă bananele. Pus deoparte. Într-un castron separat, combinați făina, praful de copt, bicarbonatul de sodiu și sarea; se amestecă în amestecul de unt. Împărțiți aluatul în jumătate; adăugați cacao la o jumătate.

b) Turnați aluatul simplu într-o tavă unsă cu unsoare de 13"x9"; puneți deasupra aluatul de ciocolată. Învârtiți cu un cuțit de masă; coace la 350 de grade timp de 25 de minute.

c) Rece; tăiate în bare. Face 2-1/2 până la 3 duzini.

93. Fulgi de ovăz de dovleac

Ingrediente:
- Ou de in, 1 (1 lingura de in macinat amestecat cu 3 linguri de apa)
- Ovăz rulat fără gluten, ¾ cană
- Scorțișoară, 1 ½ linguriță
- Pecan, ½ cană, tăiate la jumătate
- Ghimbir măcinat, ½ linguriță
- Zahăr de cocos, ¾ cană
- Pulbere de săgeată, 1 lingură
- Nucșoară măcinată, 1/8 linguriță
- Extract pur de vanilie, 1 lingurita
- Sare de mare roz de Himalaya, ½ linguriță
- Piure de dovleac conservat neîndulcit, ½ cană
- Făină de migdale, ¾ cană
- Făină de ovăz rulat, ¾ cană
- Mini chipsuri de ciocolată fără jurnal, 2 linguri
- Bicarbonat de sodiu, ½ linguriță

Directii
a) Preîncălziți cuptorul la 350 F.
b) Tapetați o tavă pătrată cu hârtie de ceară și țineți deoparte.
c) Combinați oul de in într-o cană și lăsați-l să stea timp de 5 minute.
d) Batem piureul cu zaharul si adaugam oul de in si vanilia. Bate din nou pentru a combina.
e) Acum adăugați bicarbonat de sodiu urmat de scorțișoară, nucșoară, ghimbir și sare. Bate bine.

f) La sfârșit, adăugați făina, ovăzul, săgeata, nucile pecan și făina de migdale și bateți până se încorporează bine.
g) Transferați aluatul în tava pregătită și acoperiți cu fulgi de ciocolată.
h) Se coace 15-19 minute.
i) Lăsați-l să se răcească complet înainte de a scoate din tavă și de a feli.

94. Batoane de dovleac Red Velvet

Ingrediente:
- Sfeclă mică fiartă, 2
- Făină de cocos, ¼ cană
- Unt organic din seminte de dovleac, 1 lingura
- Lapte de cocos, ¼ cană
- Zer de vanilie, ½ cană
- 85% ciocolată neagră, topită

Directii
a) Combinați toate ingredientele uscate împreună, cu excepția ciocolatei.
b) Se amestecă laptele peste ingredientele uscate și se leagă bine.
c) Modelați în bare de dimensiune medie.
d) Topiți ciocolata în cuptorul cu microunde și lăsați-o să se răcească câteva secunde. Acum scufundați fiecare baton în ciocolată topită și acoperiți bine.
e) Dă la frigider până când ciocolata este întărită și fermă.
f) Bucurați-vă.

95. Scoarță de ciocolată cu nuci pecan confiate

Ingrediente:
- 2 linguri de unt
- 1 cană jumătăți de nuci pecan
- 2 linguri de zahăr brun deschis sau închis, bine ambalat
- 2 cesti chipsuri de ciocolata neagra
- 2 linguri de ghimbir cristalizat

Directii

a) Într-o cratiță mică, la foc mic, încălziți untul timp de 2 până la 3 minute sau până se topește complet. Adăugați jumătăți de nuci pecan și amestecați timp de 3 până la 5 minute până când sunt parfumate și de nucă. Amestecați zahărul brun deschis, amestecând constant, timp de aproximativ 1 minut sau până când nucile pecan sunt acoperite uniform și au început să se caramelizeze. Se ia de pe foc.

b) Întindeți nucile pecan caramelizate pe hârtie de pergament și lăsați să se răcească. Tocați nucile pecan și lăsați-le deoparte.

c) Într-un boiler la foc mediu, amestecați fulgii de ciocolată neagră timp de 5 până la 7 minute sau până când se topesc complet.

d) Pe o tava tapetata cu hartie de copt intindem ciocolata topita.

e) Presărați uniform deasupra nuci pecan caramelizate și ghimbir cristalizat. Se lasa deoparte 1-2 ore sau pana cand ciocolata s-a intarit. Tăiați sau spargeți coaja în 6 bucăți egale.

f) Depozitare: A se păstra acoperit într-un recipient ermetic la frigider până la 6 săptămâni sau în congelator până la 6 luni.

BILUTE DE CIOCOLATA

96. Biscuiți bile de migdale

Ingrediente:

- 100 g făină de migdale.
- 60 g pudră proteică de orez cu aromă de vanilie.
- 80 g unt de migdale sau orice unt de nuci.
- 10 picături de stevie.
- 15 ml ulei de cocos.
- 15 g crema de cocos.
- 40 g chipsuri de ciocolată vegană.

Directii

a) Combinați făina de migdale și pudra proteică într-un castron mare.

b) Încorporați untul de migdale, Stevia, uleiul de cocos și crema de nucă de cocos.

c) Dacă amestecul este prea sfărâmicios, adăugați puțină apă. Incorporati ciocolata tocata si amestecati pana se omogenizeaza.

d) Formați amestecul în 16 bile.

e) În plus, puteți rula bilele în făină de migdale.

97. Mușcături de granola de ciocolată albă

Ingrediente:
- 1½ cani de granola
- 3 linguri de unt, topit
- 2 cesti de ciocolata alba se topeste

Directii
a) Încinge cuptorul la 250°F (120°C). Pe o tavă de copt cu ramă, amestecați granola și 2 linguri de unt. Pune foaia de copt la cuptor pentru 5 minute.
b) Scoateți foaia de copt și amestecați până când granola este complet amestecată cu untul. Pune foaia de copt la cuptor pentru 15 minute, amestecând la fiecare 5 minute. Scoateți din cuptor și lăsați granola să se răcească complet.
c) Într-un boiler la foc mediu, combinați ciocolata albă topită și 1 lingură de unt rămasă. Se amestecă timp de 5 până la 7 minute sau până când ciocolata albă este complet topită și bine combinată cu untul. Se ia de pe foc.
d) Se amestecă granola răcită în amestecul de ciocolată albă. Puneți lingurile în grămadă pe hârtie de copt și lăsați să se răcească complet înainte de servire.
e) Depozitare: A se păstra într-un recipient ermetic la temperatura camerei timp de până la 1 săptămână.

98. Trufe Ancho chile

Ingrediente:

- ⅔ cană smântână groasă
- 5 linguri de unt
- 3 lingurițe pudră de chile ancho
- 2 lingurite de scortisoara macinata
- Sare
- ½ lb. (225 g) ciocolată amăruie, tocată
- 1 lingurita pudra de cacao

Directii

a) Tapetați o tavă de copt de 9 × 13 inchi (23 × 33 cm) cu hârtie de copt și lăsați deoparte. Într-o cratiță medie la foc mediu-mic, combinați smântâna groasă, 3 linguri de unt, 2 lingurițe de praf de chile ancho, scorțișoară și sare. Aduceți amestecul la fierbere, acoperiți și luați de pe foc. Se lasa sa stea 2 ore.

b) Reveniți cratița la foc mediu-mic. Cand ajunge la fiert, se ia de pe foc si se adauga ciocolata amara si restul de 2 linguri de unt. Amestecați timp de 2 până la 3 minute sau până când ciocolata se topește și amestecul este omogen. Se toarnă în tava pregătită și se dă la frigider timp de 4 ore.

c) Folosind o lingură și mâinile, formați amestecul în 16 bile de 1 inch (2,5 cm). Pune bilele pe o tavă curată tapetată cu hârtie de copt și dă-le la frigider timp de 30 de minute.

d) Într-un castron mic, combinați 1 linguriță de praf de chile ancho și pudra de cacao. Rulați bilele în pudră și puneți-le înapoi pe hârtie de pergament.

99. Trufe de ciocolată

Porții: 10-12

Ingrediente:
- ½ cană de unt înmuiat
- ½ cană de zahăr pudră
- ¼ cană pudră de cacao neîndulcită
- ½ cană făină de migdale
- Praf mare de sare
- Dash extract de migdale
- Dash extract de vanilie
- 24 migdale întregi, prăjite în unt și sare
- 1 cană nucă de cocos mărunțită neîndulcită

Directii:
a) Tapetați o foaie de copt cu hârtie de copt. Într-un castron, puneți toate ingredientele pregătite, cu excepția migdalelor întregi și a nucii de cocos și amestecați ușor până când amestecul este destul de omogen.
b) Rulați lingurițe de amestec între palme în bile. (Lucrați rapid, deoarece untul se moale foarte repede. Dă-ți la frigider câteva minute dacă amestecul devine prea moale.)
c) Dacă folosiți migdale prăjite, puneți una în centrul fiecăreia și rulați din nou rapid pentru a netezi lucrurile.
d) Puneți nuca de cocos într-un castron și rulați biluțele în nucă de cocos până se îmbracă. Se pune pe tava de copt și se da la frigider pentru a se întări. Păstrați mâncarea într-un recipient de sticlă la frigider.

100. Cireşe acoperite cu ciocolată

Porții: 12

Ingrediente:
- 24 de cirese cu tulpini (indepartati samburii sau folositi pe cele uscate)
- 1 cană chipsuri de ciocolată cu lapte
- 1 cană chipsuri de ciocolată neagră
- ¼ cană de ulei de cocos

Directii:
a) Într-un castron sigur pentru cuptorul cu microunde, încălziți fulgi de ciocolată neagră, fulgi de ciocolată cu lapte și ulei de cocos.
b) Se încălzește amestecul la intervale de 20 de secunde și se amestecă pe rând până când s-a topit în cele din urmă.
c) Asigurați-vă că ciocolata nu este prea fierbinte. Acoperiți cireșele cu ciocolată și lăsați excesul de ciocolată să picure. Puneți cireșele pe o hârtie tapetată cu ceară.
d) După ce toate cireșele sunt gata, transferați-le la frigider pentru 1 oră
e) Acoperiți de două ori cireșele dacă doriți (transferați din nou în frigider) Bucură-te!

CONCLUZIE

Coacem cu ciocolata pentru ca are un gust foarte bun. Brownies-urile și prăjiturile cu ciocolată nu ar fi ele însele fără ele. Dar ciocolata face mult mai mult pentru produsele de copt decât pentru a le aroma.

A. **Oferă structură.** Produsele de panificație sunt un echilibru atent de ingrediente structurale aspre, care suportă sarcina (gândiți-vă la făină și albușul de ou, cum ar fi betonul și grinzile de oțel) și agenți de fragezire (cum ar fi zahărul, grăsimea și gălbenușurile de ou) care mențin tortul mai moale decât pâinea. Ciocolata are multă grăsime, dar ajunge să adauge mai multă structură decât tandrețe produselor de copt. Prajiturile sau prajiturile cu pudra de cacao au nevoie de mai putina faina decat cele fara, iar un dulce facut cu ciocolata neagra va fi mai dur decat unul facut cu lapte.

B. **Acesta adaugă textura:** Ce face ca mousse-ul, glazura, glazura și ganacheul să creeze dependență? Gras! Și cu cât adăugați mai multă grăsime, cu atât mai fine și mai cremoase vor fi acele dulciuri. Ciocolata bogată în grăsimi îmbunătățește acele texturi cremoase în dulciurile de ciocolată pe bază de lactate, cum ar fi mousse-ul.

C. **Absoarbe umezeala.** Făina absoarbe apa în ouă, unt și lapte, de care aveți nevoie pentru un produs solid copt.

Pudra de cacao face același lucru, iar liră pentru liră poate absorbi mai mult lichid decât făina. Deci, dacă adăugați cacao la o prăjitură sau o prăjitură, puteți reduce făina.

www.ingramcontent.com/pod-product-compliance
Lightning Source LLC
Chambersburg PA
CBHW071606080526
44588CB00010B/1040